AF356393

ŒUVRES PHILOSOPHIQUES.

SECONDE PARTIE:

DEMONSTRATION DE L'EXISTENCE DE DIEU, ET DE SES ATTRIBUTS,

TIRE'E DES PREUVES PUREMENT INTELLECTUELLES, ET DE L'IDE'E DE L'INFINI MESME.

Par feu Meſſire FRANÇOIS DE SALIGNAC DE LA MOTTE FENELON, Précepteur de Meſſeigneurs les Enfans de France, & depuis Archevêque Duc de Cambray, Prince du ſaint Empire, &c.

A PARIS,

Chez JACQUES ESTIENNE, ruë S. Jacques, à la Vertu.

___

M. DCC. XVIII.

Avec Approbation, & Privilege du Roy.

PRE'FACE.

LA premiere Partie de ces Oeuvres Philoſophiques qu'on donne ici au Public, avoit déja paru ſous le Titre de l'*Art de la Nature* ou de l'*Exiſtence de Dieu*, elle avoit été écrite par feu M. l'Archevêque de Cambray, pour ceux à qui les démonſtrations purement Métaphyſiques de l'Exiſtence de Dieu, paroiſſent trop abſtraites. L'Auteur leur rend cette grande verité palpable par des reflexions ſimples & ſenſibles ſur la ſtructure de l'univers, dont les reſſorts admirables portent le caractere d'un Créateur ſage & Tout-puiſſant.

a ij

On y a ajoûté une seconde Partie, où notre Auteur démontre
la même verité par des preuves
purement intellectuelles, tirées
de l'idée de l'infini même. De
sorte que les esprits de tous les
differents caracteres, trouveront
ici des preuves de l'Existence de
Dieu, accommodées à leur goût
& à leur capacité.

Au reste cette seconde Partie
n'est que l'ébauche d'un grand
ouvrage que feu M. l'Abbé de
Fenelon avoit entrepris dans sa
jeunesse, & qu'il n'acheva pas.
On n'y trouvera peut-être point
toute l'exactitude & la précision
que l'Auteur y auroit pû donner
s'il l'avoit retouché. On a crû
pourtant ne devoir point le refu-
ser au Public, à cause de la fecondité des principes sublimes
& de la beauté des veritez lumi-
neuses qu'on y trouve.

Pour faire appercevoir la certitude des preuves Metaphyſi-
ques de l'Exiſtence de Dieu, l'Auteur nous conduit d'abord dans
le doute univerſel , mais d'une
maniere bien differente de celle
de quelques autres Philoſophes
qui ont ſuivi cette route.

Le doute de notre Auteur n'eſt
pas un jeu ſubtil de l'eſprit , où
après avoir douté de tout on paroît l'inventeur d'un nouveau
ſyſtême rempli de belles idées,
mais ſeches , ſteriles & purement
ſpeculatives. Le doute de notre
Philoſophe a tout un autre but ;
il nous conduit à des veritez plus
ſolides. Il l'emploïe d'abord à
nous faire ſentir la foibleſſe hu-
miliante de l'eſprit humain , &
nous inſpire enſuite l'ardent de-
ſir de rechercher une lumiere
ſuperieure pour nous éclairer.
L'Auteur ne nous conduit dans

a iij

les abyſmes du Pyrrhoniſme que
pour nous en faire ſentir l'horreur, & nous donner une ſince-
re envie d'en ſortir.

A proportion que ſon Philoſophe découvre la verité, il lui
fait naître des ſentimens qui en
inſpirent l'amour.

Il eſt vrai qu'en certains en-
droits il ſemble pouſſer le doute trop loin, & douter même
des premiers principes auſquels
il eſt obligé de revenir par un
raiſonnement qui peut paroître
circulaire. Mais ſon but eſt de
montrer qu'il y a une évidence
à laquelle on ne ſçauroit reſiſ-
ter, à laquelle on eſt forcé malgré ſoi de revenir après avoir tâ-
ché en vain de la rejetter. *Evidence* qui eſt la même dans tous
les païs du monde, à la Chine
comme en Amerique. *Evidence*
qui eſt une regle commune pour

tous les hommes. *Evidence* qui
se presente toûjours également
quand on la consulte avec attention, qui a été la même dans tous
les siécles passez, & qui sera la même dans tous les siécles futurs.
Evidence que nulle circonstance
ne peut changer , qui ne varie
point par les vicissitudes perpe-
tuelles qui arrivent dans tout le
reste. *Evidence* , en un mot , qui é-
tant par sa nature, universelle, é-
ternelle & immuable, ne sçauroit
être que la lumiere même de l'intelligence infinie de Dieu , dont
il éclaire tous les esprits finis , &
par laquelle ils voïent toutes les
veritez depuis les plus petites
jusques aux plus grandes. *Evidence* enfin , dont il ne nous est
montré ici - bas qu'un foible
raïon , pour nous conduire au
milieu de nos tenebres à la Verité souveraine , qui se découvre

de plus en plus à proportion que
nos ames fe détachant du fenfi-
ble & du fini, s'approchent par
l'amour de ce Soleil des Intel-
ligences qui fe montrera enfin
à nous fans voile & fans nuage.

C'eft ainfi que notre Philo-
fophe en éclairant l'efprit nour-
rit le cœur ; il ne nous amufe
pas par des lumieres impuiffan-
tes, & des fpeculations infruc-
tueufes ; mais en nous montrant
la verité, il nous la fait aimer.
C'eft le caractere effentiel de
tous les Ouvrages de feu M.
de Fenelon.

DEMONST.

DEMONSTRATION

DE

L'EXISTENCE DE DIEU,

ET DE

SES ATTRIBUTS,

Tirée de l'idée que nous avons de l'Etre infini.

CHAPITRE PREMIER.

Que l'idée de Dieu prouve en plusieurs manieres son Existence actuelle.

L me semble que la seule maniere d'éviter toute erreur, est de douter sans exception de toutes les choses dans lesquelles je ne trouverai pas une pleine évidence. Je me défie donc de

a iij

tous mes préjugez ; la clarté avec laquelle j'ai crû jufques-ici voir diverfes chofes, n'eft point une raifon de les fuppofer vraïes. Je me défie de tout ce qu'on appelle impreffion des fens ; principes accoûtumez , vrai - femblances, je ne veux rien croire s'il n'y a rien qui foit parfaitement certain : je veux que ce foit la feule évidence & l'entiere certitude des chofes qui me force à y acquiefcer, faute dequoi je les laifferai au nombre des douteufes.

Doute general pour parvenir à n'admettre que ce qui eft certain.

Cette regle pofée, je ne compte plus fur aucun des Etres que j'ai crû jufques-ici appercevoir autour de moi. Peut - être ne font-ils que des illufions. J'ai toûjours reconnu qu'il y a un temps toutes les nuits où je crois voir ce que je ne vois point, & où je crois toucher ce que je ne tou-

Sommeil ; raifon de douter.

che pas; j'ai appellé ce tems le tems du sommeil: mais qui m'a dit que je ne suis pas toûjours endormi, & que toutes mes perceptions ne sont pas des songes?

Si le sommeil dans un certain degré peut causer une illusion, que la veille fait découvrir, qui est-ce qui me répondra que la veille elle-même n'est pas un autre espece de sommeil dans un autre degré, d'où je ne sors jamais, & dont aucun autre état ne me peut découvrir l'illusion? Quelle difference suppose-t-on entre un homme qui dort, & un homme que la fiévre met dans le délire? Celui qui dort ne rêve que pendant quelques heures, ensuite il s'éveille, & le réveil lui montre la fausseté de ses songes: celui qui est en délire, fait des especes de songes pendant

plufieurs jours ; la guerifon eft
pour lui ce que le réveil eft pour
l'autre ; il n'apperçoit fes erreurs
qu'après la fin de fa maladie.
Voilà une illufion plus longue,
mais qui a pourtant fes bornes,
& qu'on découvre après qu'on
n'y eft plus. Il y a d'autres illufions encore plus longues, & qui
durent même toute la vie. Un
infenfé qui eft incurable paffera
fa vie à croire voir ce qui n'eft
point devant fes yeux, jamais il
ne s'appercevra de fon illufion :
c'eft un fonge de toute la vie
qu'on fait les yeux ouverts &
fans être endormi. Comment
pourrai-je m'affurer que je ne
fuis point dans ce cas ? Celui qui
y eft ne croit pas y être, il fe
croit auffi fûr que moi de n'y
être pas. Je ne crois pas plus
fermement que lui voir, ce qu'il
me femble que je vois ; mais

quoi ! je n'en fçaurois pourtant douter dans la pratique : il eſt vrai ; mais cet infenſé dans la pratique ne peut non plus que moi douter de tout ce qu'il s'imagine voir & qu'il ne voit pas. Cette perſuaſion inévitable dans la pratique n'eſt donc point une preuve. Peut-être n'eſt-elle en moi non plus que dans cet infenſé qu'une miſere de ma condition, & un entraînement invincible dans l'erreur. Quoique celui qui ſonge ne puiſſe s'empêcher de croire ce que ſes ſonges lui repreſentent, il ne s'enſuit pas que ſes ſonges ſoient vrais. Quoiqu'un infenſé ne puiſſe s'empêcher de ſe croire Roi, & de penſer qu'il voit ce qu'il ne voit point, il ne s'enſuit pas que ſa roïauté & tous les autres objets de ſon extravagance ſoient veritables. Peut-être que dans le moment de ce que j'appelle

la mort, j'éprouverai une espece de réveil qui me détrompera
de tous les songes grossiers de
cette vie, comme le réveil du
matin me détrompe des songes
de la nuit, ou comme la guéri-
son d'un fou le desabuse des erreurs dont il a été le joüet pendant sa folie.

Doute im-
possible
dans la pra-
tique, n'est
peut-être
pas une rai-
son pour
croire quel-
que chose
de certain.

Une autre chose est peut-être
encore possible, qui est, que
l'illusion que je vois plus longue
dans un fou que dans un homme
qui dort, soit encore plus longue
& plus constante dans l'homme
qui ne dort point, ni n'extrava-
gue. Peut-être que dans la veille
& dans le plus grand sang froid,
je suis le joüet d'une illusion qui
ne se dissipera jamais, & que nul
autre état ne me tirera de cette
tromperie perpetuelle. Que ferai-je ? Du moins je veux tâcher
de me préserver de l'illusion en
doutant un moment de tout. Est-

ce un état férieux & poffible? ne feroit-ce point une folie pire que l'illufion même que je veux tâcher d'éviter? Il ne peut point y avoir de folie à n'affurer pas ce qu'on ne trouve point entierement affuré. Si la pratique m'entraîne à fuppofer les chofes dont je n'ai point de preuve évidente, je me regarderai comme un homme qu'un torrent entraîne toûjours infenfiblement, & qui fe prend toûjours pour fe retenir aux branches des arbres plantez fur le rivage. Un homme fort affoupi fe fait violence pour vaincre le fommeil, mais le fommeil le furprend toûjours , & auffi-tôt qu'il dort fa raifon difparoît. Il rêve, il fait des fonges ridicules. Dès qu'il s'éveille il apperçoit fon erreur & l'illufion de fes fonges, dans lefquels neanmoins il retombe au bout de trois minutes. C'eft peut-être ainfi que je fuis entre la veille & le fommeil, entre un doute philofophique qui feul eft raifonnable, & le fonge trompeur de la vie commune.

Pour me deffendre de cette illufion, au moins je tâcherai de tems en tems de me reprendre à ma regle immuable de n'admettre que ce qui eft certain. Dans ce moment de retour au dedans de moi-même, je defavoüerai tous mes jugemens précipitez, je me remettrai en fufpens, & je me deffierai autant de moi que de tout ce qu'il me femble qui m'environne.

Voila ce qu'il faut faire fi je veux fuivre la Raifon. Elle ne doit croire que ce qui eft certain, elle ne doit douter que de ce qui eft douteux. Jufqu'à ce que je trouve quelque chofe d'invincible par pure raifon, pour me montrer la certitude de tout ce qu'on appelle nature & univers, l'Univers entier doit m'être suspect de n'être qu'un songe & une fable. Toute la nature n'est peut-être qu'un vain fantôme. Cet état de suspension, il est vrai, m'étonne & m'effraie. Il me jette au dedans de moi dans une solitude profonde & pleine d'horreur ; il me gêne, il me tient comme en l'air, il ne sçauroit durer. J'en conviens ; mais il est raisonnable pour un moment. Ma pente à supposer les choses dont je n'ai point de preuve, est semblable au goût des enfans pour les Fables & les Métamorphoses. On aime mieux supposer le mensonge que de le tenir dans cette violente suspension, pour ne se rendre qu'à la seule verité exactement démontrée.

O Raison, où me jettez-vous ! Embarras

d'un Philo-
fophe cau-
fé par le
doute uni-
verfel.

où fuis-je ! que fuis-je ! tout m'é-chappe, je ne puis me deffendre de l'erreur qui m'entraîne , ni renoncer à la verité qui me fuit. Jufques à quand ferai-je dans le doute, qui eft un efpece de tour-ment. O abîmes de tenebres qui m'épouvantent ! Ne croirai - je jamais rien ! croirai-je fans être affuré!Qui me tirera de ce trou-ble !

Il me vient une penfée que je dois examiner. S'il y a un Etre de qui je tienne le mien, ne doit-il pas être bon & veritable ? pou-roit-il l'être s'il me trompoit & s'il ne m'avoit mis au monde que pour une illufion perpetuel-le ! Mais qui m'a dit qu'un Etre puiffant, malin & trompeur ne m'ait point formé ? Qui eft - ce qui ma dit que je n'ai point été formé par le hazard dans un état qui porte l'illufion par lui-

même ? De plus, comment sçai-
je si je ne suis pas moi-même la
cause volontaire de mon illusion ? Pour éviter l'erreur je
suspendrai mon jugement, &
je demeurerai un moment dans
le doute universel. C'est en voulant juger que je m'expose à me
tromper moi-même ! Peut-être
que celui qui m'a mis au monde
ne m'y a mis que pour demeurer toûjours dans le doute ! Peut-
être que j'abuse de ma raison,
que je passe au de-là des bornes
qui me sont marquées, & que
je me livre moi - même à l'erreur toutes les fois que je veux
juger ! Je ne jugerai donc plus,
mais j'examinerai toutes choses
en me deffiant de moi-même,
& de celui qui m'a formé, supposé que j'aie été formé par un
Etre superieur à moi ?

Dans cette incertitude que je Premiere

veux pouſſer auſſi loin qu'elle peut aller, il y a une choſe qui m'arrête tout court. J'ai beau vouloir douter de toutes choſes? il m'eſt impoſſible de pouvoir douter ſi je ſuis ? Le néant ne ſçauroit douter ; & quand même je me tromperois, il s'enſui-vroit par mon erreur même que je ſuis quelque choſe, puiſ-que le néant ne peut ſe trom-per. Douter & ſe tromper, c'eſt penſer. Ce moi qui penſe, qui doute, qui craint de ſe tromper, qui n'oſe juger de rien, ne ſçau-roit faire tout cela s'il n'étoit rien.

Mais d'où vient que je m'ima-gine que le néant ne ſçauroit penſer ! je me réponds auſſi-tôt à moi-même, c'eſt que qui dit néant, exclut ſans réſerve tou-te proprieté, toute action, tou-te maniere d'être, & par con-

ſéquent

fequent la penfée ; car la penfée eft une maniere d'être & d'agir , cela me paroît clair. Mais peut-être que je me contente trop aifément ? Allons donc encore plus loin , & voïons précifément pour quoi cela me paroît clair.

Toute la clarté de ce raifonnement roulle fur la connoiffance que j'ai du néant, & fur celle que j'ai de la penfée. Je connois clairement que le néant ne peut rien , ne fait rien , ne reçoit rien, & n'a jamais rien. D'un autre côté je connois clairement que penfer , c'eft agir , c'eft faire , c'eft avoir quelque chofe : donc je connois clairement que la penfée actuelle ne peut jamais convenir au néant. C'eft l'idée claire de la penfée qui me découvre l'incompatibilité qui eft entre le néant & elle ; parce qu'-

elle eſt une maniere d'être, d'où
il s'enſuit que quand j'ai une idée
claire d'une choſe, il ne dépend
plus de moi d'aller contre l'évidence de cette idée. L'exemple
ſur lequel je ſuis, le montre invinciblement. Quelque violence
que je me faſſe, je ne puis parvenir à douter ſi ce qui penſe en
moi exiſte : il n'eſt donc queſtion
que d'avoir des idées bien claires comme celles que j'ai de la
penſée ; en les conſultant on ſera toûjours déterminé à nier de
la choſe, ce que ſon idée en exclut, & à affirmer de cette même choſe ce que ſon idée renferme clairement.

Idée ; ce que c'eſt.   Mais je parle d'idée & je ne
ſçai ce que c'eſt. C'eſt quelque
choſe que je ne puis encore bien
démêler. C'eſt une lumiere qui
eſt en moi, qui n'eſt point moi-
même, qui me corrige, qui me

redreſſe , qui m'empêche de me tromper , qui m'entraîne par ſon évidence, qui me frappe par ſa lumiere : c'eſt une regle qui eſt au dedans de moi , de laquelle je ne puis juger , & par laquelle au contraire il faut que je juge de tout ſi je veux juger. C'eſt une regle qui me force même à juger, comme il paroît par l'exemple de ce que j'examine maintenant ; car il m'eſt impoſſible de m'abſtenir de juger, que je ſuis , puiſque je penſe ; la clarté de l'idée que j'ai de la neceſſité de l'éxiſtence de ce qui penſe, me met dans une abſoluë impuiſſance de douter ſi je ſuis.

Ma regle de ne juger jamais pour ne me tromper pas, ne peut donc me ſervir que dans les choſes où je n'ai point d'idée claire ; mais pour celles où j'ai une idée entierement claire , cette clarté me force à juger malgré moi ; je ne suis plus libre d'hefiter. Quand même cette clarté d'idée ne feroit qu'une illufion , il faut que je me livre à elle. Je pouffe le doute auffi loin que je puis, mais je ne puis le pouffer jufqu'à contredire mes idées claires. Qu'un autre encore plus incrédule & plus deffiant que moi, le pouffe plus loin, je l'en deffie. Je le deffie de douter férieufement de fon exiftence. Pour en douter il faudroit qu'il crût, qu'on peut penfer & n'être rien. La Raifon n'a que fes idées , elle n'a point en elle de quoi les combattre. Il faudroit qu'elle fortît d'elle-même , & qu'elle fe tournât contre elle-même pour fe contredire. Quand même elle ne trouveroit point de quoi montrer la

certitude de ſes idées, elle n'a
rien en elle qui puiſſe lui ſervir
d'inſtrument pour ébranler ce
que ſes idées lui repreſentent.
Il eſt vrai encore une fois, qu'elle peut douter de ce que ſes
idées lui propoſent comme douteux. Ce doute bien loin de
combattre les idées, eſt au contraire une maniere très-exacte
de les ſuivre & de s'y ſoûmettre.
Mais pour les choſes qu'elles repreſentent clairement, on ne
peut s'empêcher ni de les concevoir clairement, ni de les croire avec certitude.

Je conclus donc trois choſes
ſur l'idée claire que j'ai de mon
exiſtence par ma penſée; la premiere eſt, que nul homme de
bonne foi ne peut douter contre une idée entierement claire;
la ſeconde, que quand même
nos idées ſeroient trompeuſes,

Trois pre-
mieres ve-
ritez clai-
res.

elles nous entraîneroient invinciblement toutes les fois qu'elles
auroient cette clarté parfaite ;
la troisiéme, que nous n'avons
rien en nous qui nous mette en
droit de douter de la certitude
de nos idées claires. Ce seroit
douter sans sçavoir pourquoi,
& ce doute n'auroit rien de vrai-
semblable ; car toute l'étenduë
de notre raison loin de nous ré-
volter contre nos idées, ne consiste qu'à les consulter comme
une regle supérieure & immuable. Je sçai bien que ceux qui
se plaisent à douter, confon-
dront toûjours les idées entierement claires avec celles qui ne
le sont pas, & qu'ils se serviront
d'exemples de certaines choses,
dont les idées sont obscures, &
laissent une entiere liberté d'o-
pinion, pour combattre la certitude des idées claires sur les-

quelles on n'eſt point libre de douter. Mais je les convaincrai toûjours par leur propre experience , s'ils ſont de bonne foi. Pendant qu'ils douteront de tout , je les deffie de douter ſi ce qui doute en eux eſt un néant. Si la croïance que je ſuis , parce que je doute eſt une erreur , non-ſeulement c'eſt une erreur ſans remede ; mais encore une erreur de laquelle la raiſon n'a aucun prétexte de ſe deffier.

Ce qui réſulte de tout ceci eſt , qu'il faut bien ſe garder de prendre une idée obſcure pour une idée claire , ce qui fait la précipitation des jugemens & l'erreur ; mais auſſi qu'on ne doit & qu'on ne peut jamais ſérieu-ſement heſiter ſur les choſes que nos idées renferment claire-ment.

Ce que je viens de dire eſt Si les idées

peut - être une efpece de lueur qui fe prefente à moi dans cette abîme de tenebres où je fuis enfoncé ; ce n'eft peut-être point encore un vrai jour. Quelque envie que j'aïe de voir la lumiere, j'aime encore mieux la plus affreufe obfcurité , qu'une lumiere fauffe. Plus la verité eft précieufe , plus je crains de trouver ce qui lui reffembleroit, & qui ne feroit pas elle-même. O verité, fi vous êtes quelque chofe qui puiffe m'entendre & me voir, écoutez mes defirs ; voïez la préparation de mon cœur ; ne fouffrez pas que je prenne votre ombre pour vous-même ; foïez jaloufe de votre gloire ; montrez-vous , il me fuffira de vous voir : c'eft pour vous autant que pour moi que je vous veux. Jufques à quand m'échaperez-vous ! Mais , que dis - je , peut-

peut-être que la verité ne sçauroit m'entendre. Il est vrai que
ma raison ne me fournit aucun
sujet de douter sur mes idées
claires. Mais que sçai-je si ma
raison elle-même n'est point une
fausse mesure pour mesurer toutes choses ? Qui m'a dit que cette raison n'est point elle - même
une illusion perpetuelle de mon
esprit, séduit par un esprit puissant & trompeur qui est supérieur au mien ? Peut - être que
cet esprit me represente comme
clair ce qui est le plus absurde.
Peut-être que le néant est capable de penser, & qu'en pensant
je ne suis rien. Peut-être qu'une
même chose peut tout ensemble
exister & n'exister pas. Peut-
être que la partie est aussi grande que le tout. Me voila rejet-
té dans une étrange incertitude & il ne m'est pas même per-

mis d'avoir impatience d'en for-
tir, quelque violent que soit cet
état ; puisque mon impatience
seroit une mauvaise disposition
pour connoître la verité. Examinons donc tranquillement ce
que je viens de dire.

La raison
n'a point
d'autre re-
gle que ses
idées.

Je fais une extrême difference entre mes opinions libres &
variables , & mes idées claires
que je ne suis jamais libre de
changer. Si elles étoient fausses,
il me seroit impossible de les re-
dresser ; & alors je suis sans res-
source dévoüé à l'erreur. Ceux
même qui m'accuseront de me
tromper, si c'est une tromperie,
font dans la necessité de se tromper toûjours aussi-bien que moi.
Cette erreur telle qu'on la suppose, n'est point un accident, c'est
un état fixe où nous sommes nez.
C'est leur nature, c'est la mienne. Cette raison qui nous trom-

pe , n'eſt point une inſpiration
étrangere ni quelque choſe du
dehors, qui vienne porter la ſé-
duction au dedans de nous, ou
qui nous pouſſe pour nous éga-
rer. Cette raiſon trompeuſe eſt
nous-mêmes ; & s'il eſt vrai que
nous ſoïons quelque choſe, nous
ſommes préciſément cette raiſon qui ſe trompe, puiſque cette
raiſon eſt le fond de notre nature même.

Il faudroit que l'Eſprit ſupé_
rieur qui nous tromperoit, nous
eût donné lui-même une nature fauſſe, toute tournée à l'er_
reur & incapable de la verité.
Il faudroit qu'il nous eût don_
né, pour ainſi dire, une raiſon
à l'envers , & qui s'attacheroit
toûjours au contre - pied de la
verité. Un Eſprit qui auroit fait
le mien de la ſorte, ſeroit non-
ſeulement ſupérieur mais tout-

Eſprit qui
auroit fait
une raiſon
fauſſe , ſe-
roit Créa-
teur &
Tout-Puiſ-
ſant.

puiſſant ; car un Eſprit qui fait
des eſprits , qui les fait de rien ,
qui ne trouve rien de fait en eux,
mais qui y fait & qui y met tout
ſuivant ſon deſſein , & qui fait à
ſon gré une raiſon qui n'eſt point
raiſon , une raiſon qui renverſe
la raiſon même , doit être un
Eſprit tout-puiſſant. Il faut qu'il
ſoit Créateur & qu'il ait fait ſon
ouvrage de rien : s'il avoit fait
ſon ouvrage de quelque choſe,
il auroit été aſſujetti à cette choſe dont il ſe ſeroit ſervi dans ſa
production : ce qu'il auroit trouvé déja fait, auroit été dans la
regle droite & primitive de la
ſimple nature. Mais pour faire
enſorte que tout ce qui eſt en
nous , & que tout nous-même
ne ſoit qu'erreur & illuſion , il
faut, pour ainſi dire, qu'il n'ait
rien pris dans la nature , & qu'il
ait formé tout exprès de rien

un être tout nouveau qui soit
l'antipode de la vraie raison.
N'est-ce pas être Créateur ?
n'est-ce pas être Tout-puissant ;
j'ose même dire qu'il seroit plus
que tout-puissant. Je conçois que
l'Etre & la Verité sont la même chose, ensorte qu'une chose
n'est qu'autant qu'elle est vraie,
& qu'elle n'est vraie qu'autant
qu'elle est. L'Etre intelligent
suivant cette regle, n'a d'être
qu'autant qu'il a d'intelligence :
Donc si un esprit n'étoit point
intelligent, il ne pourroit pas ê-
tre ; car il n'a d'autre être que
son intelligence. Mais l'Intelligence elle-même, qui est-elle ?
Qui dit intelligence, dit essentiellement la connoissance de
quelque verité. Le pur néant ne
sçauroit être l'objet de l'intelligence ; on ne le conçoit point ;
on n'en a point d'idée ; il ne peut

se representer à l'esprit. Si donc il n'y avoit dans toute la nature rien de vrai ni de réel qui répondît à nos idées, notre intelligence elle-même , & par conséquent notre être, n'auroit rien de réel. Comme nous ne connoîtrions rien de veritable hors de nous ni en nous , nous ne serions aussi rien de veritable nous - mêmes ; nous serions un néant qui doute ; nous serions un néant qui ne peut s'empêcher de se tromper , parce qu'il ne peut s'empêcher de juger ; un néant qui agit toûjours , qui pense & qui repense sans cesse sur sa pensée ; un néant qui se replie sur lui-même ; un néant qui se cherche , qui se trouve , & enfin qui s'échape à soi-même. Quel étrange néant ! C'est ce néant monstrueux qu'un Esprit supérieur tromperoit. N'est-

ce pas être plus que tout-puiſſant d'agir ſur le néant, comme
ſur quelque choſe de vrai &
de réel. Bien plus, quel prodige de faire que le néant agiſſe,
qu'il ſe croïe quelque choſe, &
qu'il ſe diſe à lui-même comme
à quelqu'un : Je penſe, donc je
ſuis ; mais non, peut-être que je
penſe ſans exiſter, & que je me
trompe ſans être ſorti du néant.

Si cet Eſprit eſt tout-puiſſant,
il ne peut donc m'avoir donné
l'être qu'autant qu'il m'aura
donné la vraie intelligence ; car
il n'y a que le réel & le veritable
qui ſoit intelligible. Ainſi ſuppoſé que je ſois quelque choſe,
& quelque choſe d'intelligent ;
un Créateur tout - puiſſant n'a
pû me créer qu'en me rendant
intelligent de la verité. Il n'eſt
pas queſtion de ſçavoir s'il a vou-
lu me tromper ou non : il a bien

pû me donner une intelligence
bornée, & l'exclure de connoître les veritez infinies ; mais il
n'a pû me donner quelque degré d'être intelligent, fans me
donner aufli quelque degré d'intelligence de la verité. La Raifon eft, comme je l'ai déja dit
plufieurs fois, que le néant eft
aufli incapable d'être connu,
qu'il eft incapable de connoître. Si je penfe, il faut que je
fois quelque chofe, & il faut que
ce que je penfe foit quelque chofe aufli. Ce que je dis d'un Etre
tout-puiffant, il faut à plus for-
te raifon le dire du hazard. Sup-
pofé même que le hazard pût
former un être intelligent, &
faire par un affemblage fortuit,
que ce qui ne penfoit point, com-
mençât à penfer ; du moins il ne
pourroit pas faire qu'un être qui
penferoit , pensât fans penfer

rien de vrai : car le menfonge eft un néant, & le néant n'eft point l'objet de la penfée. On ne peut penfer qu'à l'Etre, & à ce qui eft vrai ; car l'Etre & la Verité font la même chofe. On peut bien fe tromper en partie, en joignant fans raifon des êtres feparez ; mais cette erreur eft mélangée de verité, & il eft impoffible de fe tromper en tout. Ce feroit ne plus penfer ; car la penfée ne fubfifteroit plus, fi elle portoit entierement à faux, & fi elle n'avoit aucun objet réel & veritable. Tout fe réduit donc à ce defefpoir abfolu & à ce naufrage univerfel de la raifon humaine, de dire : Une même chofe peut tout enfemble être & n'être pas ; penfer, & n'être rien ; penfer & ne penfer rien : ou bien il faut conclure qu'un premier Etre, quoique

tout-puiſſant, n'a pû nous donner l'intelligence à quelque degré, ſans nous donner en même-
tems quelque portion de verité
intelligible pour objet de notre
penſée.

Je ſçai bien qu'après ce raiſonnement, il reſte toûjours à
ſçavoir, ſi nous pouvons penſer
ſans être, & ſi une choſe peut
tout enſemble être & n'être pas :
mais au moins il eſt manifeſte,
que ſi ces deux choſes ſont in-
compatibles, un premier Etre
par ſa toute-puiſſance n'a pû
nous créer intelligens dans une
entiere privation de la verité.

D'ailleurs, ſi cet Etre ſupérieur eſt créateur & tout-puiſſant, il faut qu'il ſoit infiniment
parfait. Il ne peut être par lui-
même & pouvoir tirer quelque
choſe du néant, ſans avoir en
ſoi la plenitude de l'être, puiſ-

que l'être, la verité, la bonté, la perfection ne peuvent être qu'une même chose. S'il est infiniment parfait, il est infiniment vrai : s'il est infiniment vrai, il est infiniment opposé à l'erreur & au mensonge. Cependant s'il avoit fait ma raison fausse & incapable de connoître la verité, il l'auroit fait essentiellement mauvaise ; & par consequent il seroit mauvais lui-même, il aimeroit l'erreur, il en seroit la cause volontaire, & en me créant, il n'auroit eû d'autre fin que l'illusion & la tromperie ; il faut donc ou qu'il soit incapable de me créer de la sorte, ou qu'il n'existe point.

Je vois bien par mes songes, que je puis avoir été créé pour être quelquefois dans une illusion passagere. Cette illusion est plutôt une suspension de ma rai-

Difference entre les pensées du sommeil & celles de la veille.

son qu'une veritable erreur. Pendant cette illusion je n'ai rien de libre : un moment après il me vient des pensées nettes, précises & suivies, qui sont supérieures à celles du songe, & qui les font évanoüir. Ainsi cet état est bien appellé du nom d'illusion passagere, & d'impuissance de raisonner de suite. Mais si l'état de la veille me trompoit de même, ce seroit une chose bien differente : ma raison seroit essentiellement fausse, parce que toutes mes idées qui sont le fond de ma raison-même, & qui sont immuables en moi, feroient le contre-pied de la veritable raison : ce seroit une erreur de nature & essentielle, de laquelle rien ne pourroit me tirer : il faudroit faire de moi un autre moi-même, & anéantir toutes mes idées pour me faire concevoir la moindre verité, ou, pour mieux dire, cette nouvelle créature qui commenceroit à avoir quelque verité, ne feroit rien moins que moi-même, elle feroit plutôt une nouvelle créature produite en ma place après mon anéantiffement.

Je comprends bien qu'un Etre créateur & infiniment parfait, peut quelquefois fufpendre pour un peu de tems ma raifon, en me donnant des perceptions confufes qui s'effacent & fe perdent les unes dans les autres, comme je l'éprouve dans mes fonges. Ces erreurs paffageres, fi on peut les nommer ainfi, font bien-tôt corrigées par les penfées fixes, & par les reflexions de la veille : je ne fçai même fi on peut dire, que je faffe aucun veritable jugement, ni par confequent que je tombe réelle-

ment dans l'erreur pendant que
je dors. J'avoüe qu'à mon réveil il me femble, que pendant
mes fonges j'ai jugé, j'ai raifon-
né, j'ai craint, j'ai efperé, j'ai
aimé, j'ai haï, en conféquence
de mes jugemens ; mais peut-
être que mes jugemens , non
plus que les actes de ma volonté , n'ont point été veritables
pendant que je dormois. Il peut
fe faire que des images emprein-
tes dans mon cerveau pendant
la journée, fe font réveillées la
nuit par le cours fortuit des efprits. Ces images de mes penfées & de mes volontez de la
veille étant ainfi excitées, ont
fait une nouvelle trace qui a
été accompagnée de perceptions confufes, & de fenfations
paffageres, fans aucune reflexion
ni jugement formel. A mon reveil je puis appercevoir ces nou-

velles traces des images faites pendant la veille, & croire que j'y ai joint dans mon songe les jugemens qu'elles présentent, quoique je ne les aie pas joints réellement pendant mon sommeil. Le souvenir n'est apparemment que la perception des traces déja faites ; ainsi quand j'apperçois à mon reveil les traces renouvellées en dormant, je rappelle les jugemens du jour dont les images du songe de la nuit sont composées, & par conséquent je puis bien croire me souvenir que j'ai jugé en dormant, quoique je n'aïe fait aucun jugement réel.

De plus, quand même j'aurois jugé & me serois réellement trompé pendant mes songes, je ne serois point surpris qu'un Etre infiniment parfait & veritable, eût permis que je me trompasse pendant que je dors. Ces erreurs n'influent dans aucune action libre & raisonnable de ma vie ; elles ne me font faire rien de méritoire ni de démeritoire ; elles ne font ni un abus de la raison, ni une opposition fixe à la verité ; elles font bien-tôt redreffées par les jugemens que je fais quand je veille, & qui font fuivis d'une volonté libre.

Je comprends que le premier Etre peut vouloir tirer la verité de l'erreur, comme tirer le bien du mal, en permettant que par la fufpenfion des efprits je faffe en dormant des fonges trompeurs. Par cette experience il me montre de grandes veritez ; car qu'y a t-il de plus propre à montrer la foibleffe de ma raifon & le néant de mon efprit, que de prouver cet égarement périodique & inévitable de mes penfées.

penſées. C'eſt un délire reglé
qui tient près du tiers de ma
vie , & qui m'avertit pour les
deux autres tiers , que je dois
me deffier de moi & rabaiſſer
mon orgueil : il m'apprend que
ma raiſon-même n'eſt pas à moi
en propre, qu'elle m'eſt prêtee
& retirée tour à tour , ſans que
je puiſſe ni la retenir quand elle
m'échappe , ni la rappeller
quand elle eſt abſente , ni reſi-
ſter à l'illuſion que ſon abſence
cauſe en moi , ni même avoir
par mon induſtrie aucune part
à ſon retour. Voila un tems d'erreur bien emploïé , s'il me me-
ne tout droit à me connoître &
à me faire remonter à une ſa-
geſſe ſans laquelle la mienne
n'eſt que folie. Mais quelle comparaiſon peut-on faire de cette
illuſion ſi paſſagere & ſi utile,
avec un état d'erreur, d'où rien

d

ne me pourroit tirer , & où ma raison la plus évidente seroit par elle-même un fond inépuisable de séduction & de mensonge ? Une nature & une essence toute d'erreur , qui seroit un néant de raison, une nature toute fausse & toute mauvaise , ou pour mieux dire, qui ne seroit point une nature positive , mais un absolu néant en toute maniere , ne peut jamais être l'ouvrage d'un Créateur tout bon , tout veritable & tout-puissant.

Voila ce que ma raison me represente sur elle-même ; & voila ce que je trouve, ce me semble, clairement toutes les fois que je la consulte. Le doute universel & absolu dans lequel je m'étois retranché n'est-il pas plus sur ? Nullement. Car on se trompe autant à douter lorsqu'il ne faudroit plus douter. Douter, c'est

Douter des veritez évidentes ; erreur aussi grande que de croire legerement les veritez qui ne sont pas évidentes.

juger qu'il ne faut rien croire.
Supposéqu'il faille croire quelque chofe, & que j'hefite mal-
à-propos, je me trompe en doutant de tout, & je fuis en demeure à l'égard de la verité qui
fe prefente à moi. Que ferai-
je ! La derniere efperance m'eft
arrachée ; il ne me refte pas même la trifte confolation d'éviter
l'erreur en me retranchant dans
le doute. Où fuis - je ? que fuis-
je ? où eft - ce que je vais ? où
m'arreterai - je ? Mais comment
puis-je m'arrêter. Si je renonce
à ma raifon, & fi elle m'eft fuf-
pecte, en ce qu'elle me prefente
le plus clair , je fuis réduit à
cette extremité de douter : fi
une même chofe peut tout enfemble être & n'être pas, je ne
puis me prendre à rien pour
m'arrêter. Dans une pente fi ef-
froïable , il faut que je tombe

jusqu'au fond de cet abîme. Encore si je pouvois y demeurer ?
Mais cet abîme où je suis tom-
bé me repousse, & le doute me
paroît aussi sujet à l'erreur que
mes anciennes opinions. Si un
Etre tout-puissant, infiniment
bon & veritable m'a fait pour
connoître la verité par la raison
droite qu'il ma donnée, je suis
inexcusable de m'aveugler moi-
même par un doute capricieux,
& mon doute universel est un
monstre : Si au contraire ma raison est fausse, je ne laisse pas d'ê-
tre excusable en la suivant ; car
que puis-je faire de mieux que
de me servir fidelement de tout
ce qui est en moi, pour tâcher
d'aller droit à la verité ! M'est-
il permis de me deffier sans
aucun fondement ni interieur ni
exterieur, de tout ce qui me paroît également dans tous les

tems, raison, certitude, évidence? Il vaut donc mieux suivre cette évidence qui m'entraîne necessairement, qui ne peut m'être suspecte d'aucun côté, qui est conforme à tout ce que je puis concevoir de l'Etre tout-puissant qui peut m'avoir fait, enfin contre laquelle je ne sçaurois trouver aucun fondement de doute solide; que de me livrer au doute vague qui peut être lui-même une erreur & une hesitation de mon foible esprit, qui demeure incertain faute de sçavoir saisir la verité par une vûë ferme & constante.

Me voila donc enfin résolu à croire que je pense, puisque je doute; & que je suis, puisque je pense; car le néant ne sçauroit penser, & une même chose ne peut tout ensemble être & n'être pas. Ces veritez que je commence à connoître, & dont la découverte a tant couté à mon esprit, sont en bien petit nombre. Si j'en demeure-là, je ne connois dans toute la nature que moi seul, & cette solitude me remplit d'horreur. De plus, si je me connois, je ne me connois guere. Il est vrai que je suis quelque chose qui se connoit soi-même, & dont la nature est de connoître : Mais d'où est-ce que je viens ? est-ce du néant que je suis sorti ? ou bien ai-je toûjours été ? qui est-ce qui a pû commencer en moi la pensée ? ce qu'il me semble voir au tour de moi, est-il quelque chose? O Verité, vous commencez à luire à mes yeux. Je vois poindre un foible raïon de la lumiere naissante sur l'horison au milieu d'une profonde & affreuse nuit : achevez de percer mes tenebres ; débroüillez peu à peu le cahos où je suis enfoncé. Il me semble que mon cœur est droit devant vous : je ne crains que l'erreur : je crains autant de resister à l'évidence, & de ne pas croire ce qui mérite d'être crû, que de croire trop legerement ce qui est incertain. O Verité, venez à moi ; montrez-vous toute pure : que je vous voïe, & je serai rassasié en vous voïant.

Tous mes soins pour douter ne me peuvent donc plus empêcher de croire certainement plusieurs veritez. La premiere est, que je pense quand je doute. La seconde, que je suis un être pensant, c'est-à-dire, dont la nature est de penser ; car je ne connois encore que cela de moi. La troisiéme, d'où les deux autres premieres dépendent, est qu'une même chose

Quatre premieres veritez certaitaines.

ne peut tout enſemble exiſter
& n'exiſter pas ; car ſi je pouvois tout enſemble être & n'ê-
tre pas, je pourrois auſſi penſer
& n'être pas. La quatriéme,
que ma raiſon ne conſiſte que
dans mes idées claires, & qu'-
ainſi je puis affirmer d'une choſe tout ce qui eſt clairement renfermé dans l'idée de cette cho-
ſe-là ; autrement je ne pourrois
conclure que je ſuis, puiſque je
penſe. Ce raiſonnement n'a aucune force , qu'à cauſe que l'e-
xiſtence eſt clairement renfermée dans l'idée de la penſée.
Penſer eſt une action & une maniere d'être , donc il eſt évident
par cet exemple, qu'on peut aſ-
ſurer d'une choſe tout ce qui eſt
clairement renfermé dans ſon
idée : heſiter encore là-deſſus,
ce n'eſt plus exactitude & force
d'eſprit, pour douter de ce qui
eſt

eſt douteux, c'eſt legereté & ir-
réſolution ; c'eſt inconſtance
d'un eſprit flotant qui ne ſçait
rien ſaiſir par un jugement ferme, qui n'embraſſe ni ne ſuit
rien, à qui la verité connuë é-
chappe, & qui ſe laiſſe ébranler contre ſes plus parfaites con-
victions, par toutes ſortes de
penſées vagues.

Ce fondement immobile é-
tant poſé, je me réjoüis de connoître quelque verité, c'eſt-là
mon veritable bien ; mais je ſuis
bien pauvre, mon eſprit ſe trouve retreci dans quatre veritez ;
je n'oſerois paſſer au de-là ſans
crainte de tomber dans l'erreur.
Ce que je connois n'eſt preſque
rien ; ce que j'ignore eſt infini :
mais peut-être que je tirerai in-
ſenſiblement du peu que je connois déja, quelque nouvelle
connoiſſance de cet infini qui

e

m'eſt juſques ici inconnu.

Je connois ce que j'appelle moi qui penſe, & à qui je donne le nom d'eſprit. Hors de moi je ne connois encore rien : je ne ſçai encore s'il y a d'autre eſprit que le mien, ni s'il y a des corps. Il eſt vrai que je crois appercevoir un corps, c'eſt-à-dire, une étenduë qui m'eſt propre, que je remuë comme il me plaît, & dont les mouvemens me cauſent de la douleur ou du plaiſir. Il eſt vrai auſſi que je crois voir d'autres corps à peu près ſemblables au mien, dont les uns ſe meuvent, & les autres ſont immobiles autour de moi ; mais je me tiens ferme à ma regle inviolable, qui eſt de ſuſpendre mon jugement ſur les choſes que je ne connois pas encore évidemment. Non-ſeulement tous ces corps, qu'il me ſemble appercevoir, tant

le mien que les autres ; mais encore tous les esprits qui me paroissent en societé avec moi , qui
me communiquent leurs pensées,
& qui sont attentifs aux miennes,
tous ces êtres, dis-je, peuvent n'a-
voir rien de réel, & n'être qu'une
pure illusion qui se passe toute entiere au dedans de moi seul: Peut-
être suis-je moi seul toute la nature ? N'ai - je pas l'experience
que quand je dors , je crois voir,
entendre , toucher , flairer , goû-
ter , ce qui n'est point & ne sera
jamais. Tout ce qui me frappe
pendant mon songe, je le porte
au dedans de moi ; & au dehors,
il n'y a rien de vrai. Ni les corps
que je m'imagine sentir , ni les
esprits que je me represente en
societé de pensée avec le mien ,
ne sont ni esprits ni corps ; ils ne
sont , pour ainsi dire , que mon
erreur. Qui me répondra enco-

re une fois, qui m'assure que ma
vie entiere ne soit point un songe
& un charme que rien ne peut
rompre ? Il faut donc par necef-
sité suspendre encore mon jugement sur tous ces êtres qui me
sont suspects de fausseté. Etant
ainsi comme repoussé par tout ce
que je m'imagine connoître au
dehors de moi , je rentre au dedans ; & je suis encore étonné
dans cette solitude au fond de
moi-même ; je me cherche ; je
m'étudie ; je vois bien que je
suis , mais je ne sçai , ni comment je suis , ni si j'ai commencé à être , ni par où j'ai pû exister. O prodige ! je ne suis sûr
que de moi-même; & ce Moi où
je me renferme, m'étonne, me
surpasse, me confond , & m'é-
chappe dès que je prétends le
tenir. Me suis-je fait moi-même ? Non ; car pour faire il faut

être ; le néant ne fait rien, donc pour me faire, il auroit fallu que j'eusse été avant que d'être, ce qui est une manifeste contradiction. Ai-je toûjours été ? suis-je par moi-même ? Il me semble que je n'ai pas toûjours été ; je ne connois mon être que par la pensée, & je suis un être pensant. Si j'avois toûjours été, j'aurois toûjours pensé ; si j'avois toûjours pensé, ne me souviendrois-je point de mes pensées ? Ce que j'appelle memoire, c'est ce qui fait connoître ce que l'on a pensé autrefois. Mes pensées se replient sur elles-mêmes; en sorte qu'en pensant je m'apperçois que je pense, & ma pensée se connoît elle-même ; il m'en reste une connoissance après même qu'elle est passée, qui fait que je la trouve quand il me plaît ; & c'est ce que j'appelle souvenir. Il y a donc bien de l'apparence que si j'avois toûjours pensé, je m'en souviendrois. Il peut neanmoins se faire que quelque cause inconnuë & étrangere, quelque Etre puissant & supérieur au mien, auroit agi sur le mien pour lui ôter la perception de ses pensées anciennes, & auroit produit en moi ce que j'appelle oubli. J'éprouve en effet que quelques-unes de mes pensées m'échappent, en sorte que je ne les retrouve plus. Il y en a même quelques - unes qui se perdent tellement, qu'à cet égard-là je ne pense point d'avoir jamais pensé. Mais, quel seroit cet Etre étranger & supérieur au mien qui auroit empêché ma pensée de se replier ainsi sur elle-même & de s'appercevoir de son existence, comme elle le fait natu-

rellement ? Dans cette incertitude je suspends mon jugement
suivant ma regle, & je me tourne d'un autre côté par un che-
min plus court. Suis-je par moi-
même, ou suis-je par autrui ? Si
je suis par moi-même, il s'enfuit
que j'ai toûjours été ; car je porte, pour ainsi dire, au dedans
de moi essentiellement la cause
de mon éxistence : ce qui me fait
éxister aujourd'hui a dû me faire
éxister éternellement & d'une
maniere immuable. Si au contraire je suis par autrui d'une
maniere variable & empruntée,
cet autrui quel qu'il soit m'a fait
passer du néant à l'être.

Qui dit, un passage du néant
à l'être, dit, une succession dans
laquelle on commence à être,
& où le néant précéde l'éxistence. Tout consiste donc à examiner si je suis par moi-même : ou
non.   e iiij

L'être, la verité & la bonté ne font que la même chofe.

Pour faire cet examen, je ne puis manquer en m'attachant à une de mes principales regles qui eft comme la clef univerfelle de toute verité ; qui eft de confulter mes idées & de n'affirmer que ce qu'elles renferment clairement.

Pour démêler ceci, j'ai befoin de raffembler certaines chofes qui me paroiffent claires. L'être, la Verité, & la Bonté ne font qu'une même chofe ; en voici la preuve. La bonté & la verité ne peuvent convenir au néant ; car le néant, ne peut jamais être ni vrai ni bon à aucun degré : donc la verité & la bonté ne peuvent convenir qu'à l'être. Pareillement l'être ne peut convenir qu'à ce qui eft vrai ; car ce qui eft entierement faux, n'eft rien ; & ce qui eft faux en partie, n'éxifte auffi qu'-

en partie. Il en eſt de même de la bonté : Ce qui n'eſt qu'un peu bon, n'a qu'un peu d'être ; ce qui eſt meilleur, eſt davantage; ce qui n'a aucune bonté, n'a aucun être. Le mal n'eſt rien de réel ; il n'eſt que l'abſence du bien, comme une ombre n'eſt qu'une abſence de la lumiere. Il eſt vrai qu'il y a certaines choſes très-réelles & très-poſitives, que l'on nomme mauvaiſes, non à cauſe de leur nature réelle & veritable qui eſt bonne en elle-même, en tout ce qu'elle contient ; mais par la privation de certains biens qu'elles devroient avoir & qu'elles n'ont pas. Je ne ſçaurois donc me tromper en croïant, que la verité & la bonté ne font que l'être. La bonté & la verité étant réelles, & n'y aïant point d'autre réalité que l'être, il s'enſuit clairement qu'-

être vrai, être bon, être simplement, c'est la même chose. Mais
comme je puis concevoir qu'une
soit chose plus au moins, je la puis
concevoir aussi plus ou moins
vraie, plus ou moins bonne.

Premiere preuve de l'Exiſtence de Dieu.

Ces principes poſez, je reviens
à l'être qui ſeroit par lui-même;
& je trouve qu'il ſeroit dans la
ſuprême perfection. Ce qui a
l'être par ſoi, eſt éternel & immuable ; car il porte toûjours é-
galement dans ſon propre fonds
la cauſe & la neceſſité de ſon
éxiſtence. Il ne peut rien recevoir de dehors : ce qu'il rece-
vroit de dehors ne pourroit jamais faire une même choſe avec
lui, ni par conſéquent le per-
fectionner ; car ce qui eſt d'une
nature communiquée & variable, ne peut jamais faire un même être avec ce qui eſt par ſoi
& incapable de changemens : la

Etre par ſoi, eſt ſouverainement parfait.

distance & la disproportion entre de telles parties seroit infinie ; donc elles ne pourroient
jamais entre-elles composer un
vrai tout. On ne peut donc rien
ajoûter à sa verité, à sa bonté, &
à sa perfection. Il est par lui-même tout ce qu'il peut être ; & il
ne peut jamais être moins que
ce qu'ile st.Etre ainsi,c'est éxister
au suprême degré de l'être ; &
par conséquent au suprême degré de verité & de perfection.

Donnez-moi un être commu-
niqué & dépendant, & conce-
vez-le à l'infini aussi parfait qu'il
vous plaira, il demeurera toûjours infiniment au dessous de
celui qui est par lui-même.Quel-
le comparaison entre un être
emprunté, changeant, suscep-
tible de perdre & de recevoir,
qui est sorti du néant, & qui
est prêt à y retomber, avec un

être neceſſaire, indépendant, immuable, qui ne peut dans ſon indépendance rien recevoir d'autrui, qui a toûjours été, qui ſera toûjours, & qui trouve en ſoi tout ce qu'il doit être.

Puiſque l'être qui eſt par lui-même, ſurpaſſe tellement la perfection de tout être créé qu'on puiſſe concevoir en montant juſques à l'infini ; il s'enſuit qu'un être qui eſt par lui-même, eſt au ſuprême degré d'être ; & par conſéquent infiniment parfait dans ſon eſſence.

Il reſte à ſçavoir, ſi ce que j'appelle Moi, qui penſe, qui raiſonne, & qui ſe connoît ſoi-même, eſt cet être immuable, qui ſubſiſte par lui-même, ou non. Ce que j'appelle Moi, ou mon eſprit, eſt infiniment éloigné de l'infinie perfection. J'ignore, je me trompe, je me détrompe, du moins je m'imagine me détromper ; je doute, & souvent le doute qui est une imperfection est le meilleur parti pour moi. Quelquefois j'aime mes erreurs, je m'y obstine & je crains de m'en détromper ; je tombe dans la mauvaise foi, & je dis le contraire de ce que je pense ; je reçois l'instruction d'autrui ; on me reprend, on a raison de me reprendre, je reçois donc la verité d'autrui : Mais ce qui est bien plus encore ; je veux, je ne veux pas ; ma volonté est variable, incertaine, contraire à elle-même. Puis-je me croire souverainnement parfait parmi tant de changemens & de défauts ; parmi tant d'ignorances & d'erreurs involontaires & même volontaires ? S'il est manifeste que je ne suis point infiniment par-

fait, il est manifeste aussi que je
ne suis point par moi - même. Si je ne suis point par moi-
même, il faut que je sois par
autrui ; car j'ai déja reconnu
clairement que je n'ai pû me produire moi-même. Si je suis par
autrui, il faut que cet autrui qui
m'a fait passer du néant à l'être,
soit par lui-même, & par conséquent infiniment parfait. Ce
qui fait passer une chose du
néant à l'être, non-seulement
doit avoir l'être par soi-même,
mais encore une puissance infinie de le communiquer ; car il
y a une distance infinie depuis
le néant jusqu'à l'éxistence. Si
quelque chose pouvoit ajoûter
à l'infini, il faut avoüer que la
fecondité de créer ajoûteroit infiniment à la perfection infinie
de l'être qui est par lui-même :
donc cet être qui est par lui-mê-

me & par qui je suis, est infiniment parfait & c'est ce qu'on appelle Dieu. Toutes ces proposi-
tions sont claires, & rien ne me
peut arrêter dans leur enchaîne-
ment. Car de quoi douterai-je ?
N'est-il pas vrai que ce qui est
par soi-même, est pleinement
& parfaitement ? c'est sans doute, s'il est permis de parler ainsi,
le plus être de tous les êtres,
& par conséquent infiniment
parfait. Mon esprit n'est donc
point par soi-même, car il n'est
point dans cette infinie perfection ; en le reconnoissant je ne
dois point craindre de me tromper ; & je me tromperois bien
grossierement si peu que j'en
doutasse ? Il est donc indubita-
ble, que je ne suis point par moi-
même, & que je suis par autrui.
Encore une fois, cet autrui,
s'il est lui-même sorti du néant,

n'a pû m'en tirer : ce qui n'a
l'être que par autrui, ne peut
le garder par foi-même, bien
loin de le pouvoir donner à qui
ne l'a pas. Faire que ce qui n'é-
toit pas, commence à être, c'est
difpofer de l'être en propre, &
avoir la puiſſance infinie ; car
on ne peut concevoir nulle puiſ-
fance infinie en aucun degré,
qui ne foit au deſſous de celle-là.
Donc l'être par qui je fuis, eſt
au fuprême degré d'être & de
puiſſance ; il eſt infiniment parfait, & je ne vois plus rien qui
me donne le moindre prétexte
de doute.

Voila donc enfin le premier
raïon de verité qui luit à mes
yeux. Mais quelle verité ! celle
du premier Etre. O Verité plus
précieufe elle feule que toutes
les autres enfemble que je puis
découvrir ! Verité qui me tient

lieu

lieu de toutes les autres ! Non je n'ignore plus rien, puifque je connois ce qui eft tout ; & que tout ce qui n'eft pas lui, n'eft rien. O Verité univerfelle, in-finie, immuable ; c'eft donc vous-même que je connois ; c'eft vous qui m'avez fait, & qui m'avez fait par vous-même. Je ferois comme fi je n'étois pas, fi je ne vous connoiffois point : Pourquoi vous ai-je fi long-tems ignoré ? Tout ce que j'ai crû voir fans vous, n'étoit point ve-ritable, car rien ne peut avoir aucun degré de verité que par vous feule, ô Verité premiere ! Je n'ai vû jufques-ici que des ombres ; ma vie entiere n'a été qu'un fonge. J'avoüe que je con-nois jufques à prefent peu de ve-ritez : mais ce n'eft pas la multi-tude que je cherche. O Verité précieufe, ô Verité feconde, ô

Verité unique ! en vous seule je trouve tout, & ma curiosité s'épuise ; de vous sortent tous les êtres comme de leur source ! En vous je trouve la cause immédiate de tout : votre puissance qui est sans bornes m'absorbe tout entier dans sa contemplation. Je tiens la clef de tous les mysteres de la nature, dès que je découvre son auteur. O merveille qui m'explique toutes les autres ! vous êtes incompréhensible ; mais vous me faites tout comprendre : vous êtes incompréhensible , & je m'en réjoüis. Votre infini m'étonne & m'accable, c'est ma consolation ; je suis ravi que vous soïez si grand que je ne puisse vous voir tout entier ; c'est à cet infini que je vous reconnois pour l'être qui m'a tiré du néant. Mon esprit succombe sous tant de majesté ;

heureux de baisser les yeux, ne pouvant soûtenir par mes regards l'éclat de votre gloire.

Toutes les choses que j'ai déja remarquées, me font voir que j'ai en moi l'idée de l'infini, & d'une infinie perfection. Il est vrai que je ne sçaurois épuiser l'infini ni le comprendre, c'est-à-dire, le connoître autant qu'il est intelligible. Je ne dois pas m'en étonner, car j'ai déja reconnu que mon intelligence est finie ; par conséquent elle ne sçauroit égaller ce qui est infiniment intelligible. Il est néanmoins constant que j'ai une idée précise de l'infini : je discerne trés nettement ce qui lui convient, & ce qui ne lui convient pas : Je n'hesite jamais à en exclure toutes les proprietez des nombres & des quantitez finies. L'idée même que j'ai de l'infini n'eſt ni confuſe ni négative ; car ce n'eſt point en excluant indéfinitivement toutes bornes, que je me repreſente l'infini. Qui dit borne, dit une négation toute ſimple ; au contraire qui nie cette négation, affirme quelque choſe de très - poſitif. Donc le terme d'infini, quoiqu'il paroiſſe dans ma langue un terme négatif, & qu'il veuille dire non fini, eſt néanmoins très-poſitif. C'eſt le mot de fini, dont le vrai ſens eſt très-négatif. Rien n'eſt ſi négatif qu'une borne : car qui dit borne, dit négation de toute étenduë ulterieure. Il faut donc que je m'accoûtume à regarder toûjours le terme de fini comme étant négatif : par conſéquent celui d'infini eſt très poſitif. La négation redoublée vaut une affirmation ; d'où il s'enſuit que la négation abſo-

luë de toute négation, est l'expression la plus positive qu'on
puisse concevoir, & la suprême
affirmation ; donc le terme d'infini est infiniment affimatif par
sa signification , quoiqu'il pa-
roisse négatif dans le tour gram-
matical. En niant toutes bornes,
ce que je conçois est si précis &
si positif, qu'il est impossible de
me faire jamais prendre aucun
autre chose pour celle-là. Donnez-moi une chose finie aussi
prodigieuse qu'il vous plaira ;
faites en sorte qu'à force de surpasser toute mesure sensible, elle
devienne comme infinie à mon
imagination : elle demeure toûjours finie à mon esprit : J'en
conçois la borne lors même que
je ne puis l'imaginer. Je ne puis
marquer où elle est, mais je sçai
clairement qu'elle est ; & loin
qu'elle se confonde avec l'infini

je conçois avec évidence qu'elle
eſt encore infiniment diſtante
de l'idée que j'ai de l'infini veritable. Que ſi on me vient parler d'indéfini, comme d'un milieu entre ce qui eſt infini & ce
qui eſt borné, je répondrai que
cet indéfini ne peut ſignifier rien,
à moins qu'il ne ſignifie quelque
choſe de veritablement fini dont
les bornes échapent à l'imagination ſans échapper à l'eſprit.
Mais enfin tout ce qui n'eſt point
préciſement l'infini, de quelque grandeur énorme qu'il ſoit,
eſt infiniment éloigné de lui reſſembler. Non-ſeulement j'ai l'i-
dée de l'infini, mais encore j'ai
celle d'une perfection infinie :
Parfait & bon c'eſt la même
choſe. La bonté & l'être ſont
encore la même choſe. Etre infiniment bon & parfait, c'eſt
être infiniment. Il eſt certain

que je conçois un être infini &
infiniment parfait. Je diftingue
nettement de lui tout être d'une
perfection bornée, & je ne me
laifferois non plus éblouïr à une
perfection indéfinie , qu'à un
corps indéfini. Il eft donc vrai,
& je ne me trompe point en le
difant, que je porte toûjours au
dedans de moi, quoique je fois
fini, une idée qui me reprefen-
te une chofe infinie. Où l'ai - je D'où vient
prife cette idée qui eft fi fort l'idée de
au deffus de moi , qui me fur- l'infini.
paffe infiniment , qui m'étonne,
qui me fait difparoître à mes
propres yeux, qui me rend l'infini prefent ? d'où vient-elle ? où
l'ai - je prife ? Dans le néant.
Rien de ce qui eft fini ne peut
me la donner ; car le fini ne reprefente point l'infini , dont il
eft infiniment diffemblable. Si
nul fini, quelque grand qu'il foit,

ne peut me donner l'idée du
vrai infini ; comment eſt-ce que
le néant me la donneroit ? Il eſt
manifeſte d'ailleurs que je n'ai
pû me la donner moi-même ;
car je ſuis fini comme toutes les
autres choſes dont je puis avoir
quelque idée. Bien loin que je
puiſſe comprendre que j'inven-
te l'infini, s'il n'y en a aucun de
veritable ; je ne puis pas même
comprendre qu'un infini réel
hors de moi, ait pû imprimer
en moi qui ſuis borné, une image reſſemblante à la nature infinie : Il faut donc que l'idée de
l'infini me ſoit venuë du dehors;
& je ſuis même bien étonné qu'-
elle ait pû y entrer. Encore une
fois : D'où me vient-elle cette
merveilleuſe repreſentation de
l'infini, qui tient de l'infini même, & qui ne reſſemble à rien
de fini ? Elle eſt en moi ; elle eſt
plus

plus que moi ; elle me paroît tout , & moi rien. Je ne puis l'effacer, ni l'obfcurcir , ni la diminuer , ni la contredire : Elle eft en moi : Je ne l'y ai pas mife : Je l'y ai trouvée , & je ne l'y ai trouvée , qu'à caufe qu'elle y étoit déja avant que je la cherchaffe. Elle y demeure invariable lors même que je n'y penfe pas & que je penfe à autre chofe. Je la retrouve toutes les fois que je la cherche ; & elle fe prefente fouvent quoique je ne la cherche pas. Elle ne dépend point de moi ; c'eft moi qui depend d'elle. Si je m'égare , elle me rapelle , elle me corrige , elle redreffe mes jugemens ; & quoique je l'examine, je ne puis ni la corriger , ni en douter , ni juger d'elle ; c'eft elle qui me juge , & qui me corrige.

Si ce que j'apperçois, eft l'in-

fini préſent à mon eſprit, cet
être infiniment parfait eſt donc:
Si au contraire ce n'eſt qu'u-
ne repreſentation de l'infini
qui s'imprime en moi, cette reſ-
ſemblance de l'infini doit être
infinie; car le fini ne reſſemble
en rien à l'infini, & n'en peut
être la vraïe repreſentation.
Il faut donc que ce qui repreſente veritablement l'infini, ait
quelque choſe d'infini pour lui
reſſembler & pour le repreſenter. Cette image de la divinité
même ſera donc un ſecond Dieu,
ſemblable au premier en perfection infinie : comment ſera-il
reçû & contenu dans mon eſprit borné ? D'ailleurs qui aura fait cette repreſentation infinie de l'infini pour me la donner ? Se ſera-t-elle fait elle-même l'image infinie de l'infini ?
N'auroit-elle ni original, ſur le-

quel elle soit faite , ni cause
réelle qui l'ait produite ? Où en
sommes - nous ? & quel amas
d'extravagances ! Il faut donc
conclure invinciblement , que
c'est l'Etre infiniment parfait qui
se rend present à mon esprit ,
quand je le conçois.

Je l'avois déja trouvé lors-
que j'ai reconnu qu'il y a necessairement dans la nature un Etre
qui est par lui - même , & par
conséquent infiniment parfait.
J'ai reconnu que je ne suis point
cet être , parce que je suis infiniment au dessous de l'infinie
perfection. J'ai reconnu qu'il est
hors de moi , & que je suis par
lui. Maintenant je découvre
qu'il m'a donné l'idée de lui ,
en me faisant concevoir une perfection infinie sur laquelle je ne
puis me méprendre ; car quel-

que perfection bornée qui se presente à moi, je n'hesite point: sa borne fait aussi-tôt que je la rejette, & je lui dis dans mon cœur : Vous n'êtes point mon Dieu : Vous n'êtes point infiniment parfait : Vous n'êtes point par vous-même : Quelque perfection que vous aïez, il y a un point & une mesure, au de-là de laquelle vous n'avez plus rien & vous n'êtes rien. Il n'en est pas de même de mon Dieu qui est tout : Il est, & il ne cesse point d'être : Il est, & il n'y a pour lui, ni degré, ni mesure : Il est, & rien n'est que par lui. Tel est ce que je conçois ; & puisque je le conçois, il est ; car il n'est pas étonnant qu'il soit, puisque rien, comme je l'ai vû, ne peut être que par lui. Mais ce qui est étonnant & incomprehensible,

c’eſt que moi , foible , borné ,
défectueux , je puis le concevoir. Il faut qu’il ſoit non-
ſeulement l’objet de ma penſée , mais encore la cauſe qui
me fait penſer ; comme il eſt la
cauſe qui me fait être , & qu’il
éleve ce qui eſt fini à penſer l’infini. Voila le prodige que je porte toûjours au dedans de moi.
Je ſuis un prodige moi-même.
N’étant rien , du moins n’étant
qu’un être emprunté , borné ,
paſſager , je tiens de l’infini &
de l’immuable que je conçois :
par-là je ne puis me comprendre moi-même ; j’embraſſe tout
& je ne ſuis rien ; je ſuis un rien
qui connoît l’infini : les paroles
me manquent pour m’admirer
& me mépriſer tout enſemble.
O Dieu ! ô le plus Etre de tous
les Etres ! O Etre devant qui je
ſuis comme ſi je n’étois pas !

Vous vous montrez à moi : Et rien de tout ce qui n'eft pas vous, ne peut vous reffembler. Je vous vois ; c'eft vous - même : & ce raïon qui part de votre face, raffafie mon cœur, en attendant le plein jour de la verité.

Mais la regle fondamentale de toute certitude que j'ai pofée d'abord, me découvre évidemment la verité du premier être. J'ai dit que fi la Raifon eft raifon, elle ne confifte que dans la fimple & fidelle confultation de mes idées. Je ne fçaurois juger d'elle, & je juge de tout par elle. Si quelque chofe me paroît certain & évident, c'eft que mes idées me le reprefentent comme tel, & je ne fuis plus libre d'en douter. Si au contraire quelque chofe me paroît faux & abfurde, c'eft que mes idées y répugnent. En un mot, dans tous mes jugemens soit que j'affirme ou que je nie, c'est toûjours mes idées immuables qui décident de ce que je pense. Il faut donc ou renoncer pour jamais à toute raison, ce que je ne suis pas libre de faire, ou suivre mes idées claires sans crainte de me tromper.

Quand j'examine si le néant peut penser, au lieu de l'examiner serieusement, il me prend envie de rire. D'où cela vient-il ? C'est que l'idée de la pensée renferme clairement quelque chose de positif & de réel, qui ne convient qu'à l'être. La seule attention à cette idée porte un ridicule manifeste dans ma question. Il en est de même de certaines autres questions. Demandez à un enfant de quatre ans, si la table de la chambre où il est se promene d'elle-même, &

Ce que c'est que le sens commun.

g iiij

si elle se joüe comme lui ; au lieu de répondre il rira.

Demandez à un laboureur bien grossier, si les arbres de son champ ont de l'amitié pour lui ? Si ses vaches lui ont donné conseil dans ses affaires domestiques ? si sa charuë a bien de l'esprit ? Il répondra que vous vous mocquez de lui. En effet toutes ces questions ont un ridicule qui choque même le laboureur le plus ignorant, & l'enfant le plus simple. En quoi consiste ce ridicule ? à quoi précisement se réduit - il ? A choquer le sens commun, dira quelqu'un. Mais qu'est-ce que le sens commun ? N'est-ce pas les premieres notions que tous les hommes ont égallement des mêmes choses. Ce sens commun qui est toûjours & par tout le même ; qui prévient tout examen ; qui rend l'examen même de certaines queſtions ridicule ; qui fait que malgré foi on rit au lieu d'examiner ; qui réduit l'homme à ne pouvoir douter quelque effort qu'il fît pour ſe mettre dans un vrai doute : ce ſens commun qui eſt celui de tout homme ; ce ſens qui n'attend que d'être conſulté ; qui ſe montre au premier coup d'œil , & qui découvre auſſi-tôt l'évidence ou l'abſurdité de la queſtion ; n'eſt-ce pas ce que j'appelle mes idées ? Les voila donc ces idées ou notions generales , que je ne puis ni contredire , ni examiner ; ſuivant leſquelles au contraire j'examine & je décide tout ; en ſorte que je ris au lieu de répondre toutes les fois qu'on me propoſe ce qui eſt clairement oppoſé à ce que ces idées immuables me repreſentent.

Ce principe est constant, &
il n'y auroit que son application
qui pourroit être fautive : c'est-
à-dire, qu'il faut sans hesiter suivre toutes mes idées claires ;
mais qu'il faut bien prendre
garde de ne prendre jamais
pour idée claire, celle qui renferme quelque chose d'obscur.
Aussi veux-je suivre exactement
cette regle dans les choses que
je vais méditer.

Troisiéme preuve de l'Existence de Dieu par l'idée de l'être necessaire. J'ai déja reconnu que j'ai l'i-
dée d'un Etre infiniment parfait.
J'ai vû que cet être est par lui-
même, supposé qu'il soit ; qu'il
est necessairement ; qu'on ne
sçauroit jamais le concevoir que
comme éxistant, parce que l'on
conçoit que son essence est d'e-
xister toûjours par soi-même.
Si on ne le peut concevoir que
comme éxistant, parce que l'é-
xistence est renfermée dans son

essence, on ne sçauroit jamais le concevoir comme n'éxistant pas actuellement, & n'étant que simplement possible. Le mettre hors de l'existence actuelle au rang des choses purement possibles, c'est anéantir son idée, c'est changer son essence ; par conséquent ce n'est plus lui ; c'est prendre un autre être pour lui, afin de pouvoir s'en imaginer ce qui ne peut jamais lui convenir, c'est détruire la supposition ; c'est se contredire soi-même. Il faut donc ou nier absolument que nous aïons aucune idée d'un être necessaire & infiniment parfait, ou reconnoître que nous ne le sçaurions jamais concevoir que dans l'éxistence actuelle, qui fait son essence. S'il est donc vrai que nous le concevions, & si nous ne pouvons le concevoir qu'en cette maniere, je dois conclure suivant ma regle sans crainte de me tromper, qu'il éxiste toûjours actuellement.

1°. Il est certain que j'ai une idée de cet être, puisqu'il faut necessairement qu'il y en ait un. Si je ne suis pas moi-même cet être, il faut que j'aïe reçû l'éxistence par lui. Non-seulement je le conçois, mais encore je vois évidemment qu'il faut qu'il soit dans la nature. Il faut, ou que tout soit necessaire, ou qu'un seul être necessaire ait fait tous les autres : mais dans l'une & dans l'autre de ces deux suppositions, il demeure toûjours également vrai qu'on ne peut se passer de quelque être necessaire. Je conçois cet être, & sa necessité.

2°. L'idée que j'en ai, renferme clairement l'éxistence actuelle. Je ne le distingue de tout autre être que par-là. Ce n'eſt que par cette exiſtence actuelle que je le conçois. Otez-là lui, il n'eſt plus rien : Laiſſez-là lui, il demeure tout. Elle eſt donc clairement renfermée dans ſon eſſence, comme l'éxiſtence eſt renfermée dans la penſee. Il n'eſt pas plus vrai de dire, que qui dit penſer, dit être ; que qui dit être par ſoi-même, dit eſſentiellement une éxiſtence actuelle & neceſſaire. Donc il faut affirmer de la ſimple idée de l'être infiniment parfait, ſon éxiſtence actuelle ; de même que j'affirme mon actuelle éxiſtence, de ma penſée actuelle.

On me dira peut-être, que c'eſt un ſophiſme. Il eſt vrai, dira quelqu'un, que cet être éxiſte neceſſairement, ſuppoſé qu'il éxiſte : Mais comment ſçaurons-nous s'il éxiſte effectivement? Quiconque me fera cette objection, n'entend ni l'état de la question, ni la valeur des termes. Il eſt queſtion ici de juger de l'éxiſtence de Dieu, comme nous ſommes obligez de juger par rapport à tous les autres êtres, des qualitez qui conviennent ou ne conviennent pas à leur eſſence. Si l'éxiſtence actuelle eſt auſſi inſéparable de l'eſſence de Dieu, que la raiſon, par exemple, eſt inſéparable de l'homme; il faut conclure que Dieu éxiſte eſſentiellement, avec la même certitude que l'on conclud, que l'homme eſt eſſentiellement raiſonnable.

Quand on a vû clairement que la raiſon eſt eſſentielle à l'homme, on ne s'amuſe pas à conclure puerilement que l'homme eſt raiſonnable, ſuppoſé qu'il ſoit raisonnable ; mais on conclud absolument & serieusement qu'il ne peut jamais être que raisonnable. De même , quand on a une fois reconnu que l'éxistence actuelle est essentielle à l'être necessaire & infiniment parfait que nous concevons, il n'est plus tems de s'arrêter ; il faut necessairement achever d'aller jusques au bout : en un mot , il faut conclure que cet être éxiste actuellement & essentiellement ; en sorte qu'il ne sçauroit jamais n'éxister pas. Que si ce raisonnement abstrait de toutes les choses sensibles échappe à quelques esprits par son extrême simplicité, & son abstraction ; loin de diminuer sa force, cela l'augmente ; car il n'est fondé sur aucunes des choses qui peuvent servir les sens ou l'imagination : tout s'y réduit à

deux regles ; l'une de pure meta-
phifique que nous avons déja
admile, qui eft de conlulter nos
idées claires & immuables ; l'autre eft de pure dialectique, qui
eft de tirer la conféquence immédiate & d'affirmer précifement d'unechofe ce que fon idée
claire renferme.

Ainfi ce qui arrête pour une
conclufion fi évidente en elle-
même quelques efprits , c'eft
qu'ils ne font point accoûtumez
à raifonner certainement fur ce
qui eft abftrait & infenfible ; c'eft
qu'ils tombent dans un préjugé
d'habitude, qui eft de raifonner
fur l'Exiftence de Dieu, comme
ils raifonnent fur les qualitez des
créatures ; ne voyant pas combien leur fophifme eft abfurde.
Il faut ici raifonner de l'exiftence qui eft effentielle, comme on
raifonne fur l'intelligence qui eft
effentielle

essentielle à l'homme : l'existence de l'homme n'est pas necessaire; mais supposé qu'elle le soit, il lui est essentiel d'être intelligent. Donc on peut affirmer en tout tems de l'homme, que c'est un être intelligent quand il existe. Pour Dieu ; l'existence actuelle lui est essentielle, donc il faut toûjours affirmer de lui, non pas qu'il existe actuellement supposé qu'il existe, ce qui seroit ridicule & identique, pour parler comme l'Ecole ; mais qu'il existe actuellement, puisque les essences ne peuvent changer, & que la sienne emporte l'existence actuelle. Si on étoit ferme à contempler les choses abstraites qui sont évidentes par elles-mêmes, on riroit autant de ceux qui doutent là dessus, qu'un enfant rit quand on lui demande, si la table se joüe avec lui ; si

une pierre lui parle ; si sa pou-
pée a bien de l'esprit.

Il est donc vrai, ô mon Dieu,
que je vous trouve de tous côtez. J'avois déja vû, qu'il falloit
dans la nature un Etre necessaire & par lui-même ; que cet Etre
étoit necessairement parfait &
infini ; que je n'étois point cet
être, & que j'avois été fait par
lui : C'étoit déja vous reconnoître & vous avoir trouvé. Mais je
vous retrouve encore par un autre endroit : Vous sortez, pour
ainsi dire, du fond de moi même par tous les côtez. Cette
idée que je porte au dedans de
moi d'un Etre necessaire & infiniment parfait, que dit-elle, si
je l'écoute au fond de mon cœur?
Qui l'y a mise si ce n'est vous ?
Qui peut-elle représenter si ce
n'est vous ? Le mensonge est
le néant ; pourroit-il me repre-

senter une suprême & universelle verité ? Cette idée infinie de l'infini dans un esprit borné, n'est-elle pas le sceau de
l'ouvrier tout-puissant qu'il a im-
primé sur son ouvrage ?

De plus, cette idée ne m'a-
prend-elle pas que vous êtes toûjours actuellement & necessairement ; comme mes autres idées
m'apprennent ce que d'autres
choses peuvent être par vous,
ou n'être point, suivant qu'il
vous plaît ? Je vois aussi évidemment votre éxistence necessaire
& immuable, que je vois la
mienne empruntée & sujette au
changement. Pour en douter,
il faudroit douter de la raison
même, qui ne consiste que dans
les idées : il faudroit démentir
l'essence des choses & se contredire soi-même. Toutes ces dif-
ferentes manieres d'aller à vous,

h ij

ou plutôt de vous trouver en moi, font liées & s'entre-foû-tiennent. Ainfi, ô mon Dieu, quand on ne craint point de vous voir, & qu'on n'a point des yeux malades qui fuïent la lumiere, tout fert à vous découvrir, & la nature entiere ne parle que de vous. On ne peut même la concevoir fi on ne vous conçoit. C'eft dans votre pure & univerfelle lumiere qu'on voit la lumiere inferieure, par laquelle tous les objets particuliers font éclairez.

━━━━━━━━━━

CHAPITRE II.

Réfutation du Spinozifme.

Si l'Etre infini peut-être la collection de **I**L me refte encore une difficulté à éclaircir : Elle fe préfente à moi tout à coup & me

jette dans l'incertitude. La voi-^{tous les &-}
ci dans toute fon étenduë. J'ai ^{tres.}
l'idée de quelque chofe qui eft
infiniment parfait , il eft vrai ;
& je vois bien que cette idée
doit avoir un fondement réel :
Il faut qu'elle ait fon objet veritable : il faut que quelque chofe ait mis en moi une fi haute
idée : Tout ce qui eft inferieur
à l'infini en eft infiniment diffemblable, & par conféquent n'en
peut donner l'idée. Il faut donc
que l'idée de l'infinie perfection
me vienne par un être réel &
exiftant avec une perfection infinie : tout cela eft certain. J'ai
crû trouver un premier être par
cette preuve. Mais ne pourrois-
je point me tromper ? Ce raifonnement prouve bien , qu'il y a
réellement dans la nature quelque chofe qui eft infiniment parfait ; mais il ne prouve point que

cette perfection infinie soit dif-
tinguée de tous les êtres qui paroissent m'environner. Peut-être que cette multitude d'êtres
dont l'assemblage porte le nom
d'univers , est une masse infinie
qui dans son tout renferme des
perfections infinies par sa varieté. Peut-être même que toutes
ces parties qui paroissent se di-
viser les unes des autres , sont in-
divisibles du tout ; & que ce tout
infini & indivisible en lui-même
contient cette infinie perfection
dont j'ai l'idée , & dont je cherche la réalité. Pour mieux dé-
velopper cette indivisibilité du
tout , je me represente que la
séparation des parties entre-elles ne doit pas me faire conclure , qu'aucune de ces parties
puisse jamais être séparées du
tout. La séparation des parties
entre-elles n'est qu'un change-

ment de situation, & point une division réelle. Afin que les parties fussent réellement divisées, il faudroit qu'elles ne fissent jamais un même tout ensemble. Pendant qu'une partie qui est dans une extrême distance d'une autre, tient à elle par toutes celles qui occupent le milieu, on ne peut pas dire qu'il y ait une réelle division. Pour séparer réellement une partie de toutes les autres, il faudroit mettre quelque espace réel entre toutes les autres & elle : or cela est impossible, supposé que le tout soit infini. Car où trouvera-t-on au de-là de l'infini qui n'a point de bornes, une espace vuide qu'on puisse mettre entre une partie de cet infini, & tout le reste dont il est composé ? Il est donc vrai que cet infini sera indivisible dans son tout, quoiqu'il soit divisible pour le rapport que chacune de ses parties a avec les autres parties voisines. Un corps rond, qui se meut sur son propre centre, demeure immobile dans son tout, quoique chacune de ses parties soit en mouvement. Cet exemple fait entendre quelque chose de ce que je veux dire, mais il est trés-imparfait : car ce corps rond a une superficie qui correspond à d'autres corps voisins ; & comme toute cette superficie change de situation & de correspondance avec les corps voisins, on peut conclure par-là que tout le corps de figure ronde se meut & change de place : Mais pour une masse infinie, il n'en est pas de même ; elle n'a aucune borne, ni superficie ; elle ne correspond à aucun corps étranger : donc il est certain qu'elle est dans son

tout

tout parfaitement immobile, quoique ſes parties bornées, ſi on les conſidere par rapport les unes aux autres, ſe meuvent perpetuellement. En un mot le tout infini ne peut ſe mouvoir, quoique les parties étant finies ſe meuvent ſans ceſſe. Par-là je raſſemble dans ce tout infini toutes les perfections d'une nature ſimple & indiviſible, & toutes les merveilles d'une nature di-viſible & variable. Le tout eſt un, & immuable par ſon infini: Les parties ſe multiplient à l'in-fini & forment par des combi-naiſons infinies une varieté que rien n'épuiſe : Une même cho-ſe prend ſucceſſivement toutes les formes les plus contraires. C'eſt une fecondité de natures diverſes, où tout eſt nouveau, tout eſt éternel, tout eſt chan-geant, tout eſt immuable. N'eſt-

ce point cet aſſemblage infini ,
ce tout infini & par conſéquent
indiviſible & immuable qui m'a
donné l'idée d'une infinie perfection ? Pourquoi irois - je la
chercher ailleurs , puiſque je
puis ſi facilement la trouver-là ?
Pourquoi ajoûter à l'univers qui
paroît m'environner , une autre
nature incomprehenſible que
j'appelle Dieu ?

Voila , ce me ſemble, la difficulté auſſi grande qu'elle peut
l'être : & de bonne foi je n'ou-
blie rien de tout ce qui peut la
fortifier. Mais je trouve ſans pré-
vention qu'elle s'évanoüit dès
que je veux l'examiner de près.
Voici comment.

1°. Quand je ſuppoſe l'univers
infini , je ne puis eviter de croire que le tout eſt changeant, ſi
toutes les parties priſes ſepare-
ment ſont changeantes. Il eſt

vrai qu'il n'y aura point dans cet univers infini une superficie ou circonference qui tourne comme la circonference d'un corps circulaire, dont le centre est immobile. Mais comme toutes les parties de ce tout infini, feront en mouvement & changeantes ; il s'enfuivra neceffairement, que tout fera auffi en mouvement & dans un changement perpetuel. Car le tout n'eft point un fantôme ni une idée abftraite ; il n'eft précifement que l'affemblage des parties : Donc fi toutes les parties fe meuvent, le tout qui n'eft que toutes les parties prifes enfemble, fe meut auffi. A la verité je dois pour lever toute équivoque diftinguer foigneufement deux fortes de mouvemens ; l'un interne, pour ainfi dire, l'autre externe. Par exemple, on fait rou-

perfection changeante & variable.

ler une boule dans un lieu uni,
& on fait boüillir devant le feu
un pot rempli d'eau & bien fermé. La boule se meut de ce mouvement que j'appelle externe;
c'est-à-dire, qu'elle sort toute
entiere d'un espace pour aller
dans un autre. Voila ce que l'u-
nivers qu'on suppose infini ne
sçauroit faire, je l'avoüe. Mais
le pot rempli d'eau boüillante
& qui est bien fermé, a un autre sorte de mouvement, que
j'appelle interne, c'est-à-dire,
que cette eau se meut, & très-
rapidement, sans sortir de l'espace qui la renferme : elle est
toûjours au même lieu, & elle
ne laisse pas de se mouvoir sans
cesse. Il est vrai de dire que toute cette eau boult, qu'elle est
agitée, qu'elle change de rapports, & qu'en un mot rien n'est
plus changeant par le dedans,

quoique le dehors paroiſſe immobile. Il en ſeroit préciſement
de même de cet univers qu'on
ſuppoſeroit infini ; il ne pourroit changer tout entier de place : mais tous les mouvemens
differens du dedans qui forment
tous les rapports , qui font les
générations & les compoſitions
des ſubſtances , ſeroient perpe-
tuels & infinis. La maſſe entiere
ſe mouveroit ſans ceſſe dans toutes ſes parties. Or il eſt évident,
qu'un tout qui change perpetuellement, ne ſçauroit remplir
l'idée que j'ai de l'infinie perfection ; car un être ſimple immuable , qui n'a aucune modification , parce qu'il n'a ni parties
ni bornes , qui n'a en ſoi ni changement , ni ombre de changement , & qui renferme toutes
les perfections de toutes les modifications les plus variées dans

ſa parfaite & immuable ſimplicité, eſt plus parfait que cet aſſemblage infini, & éternel des
êtres changeans, bornez, &
incapables d'aucune conſiſten-
ce. Donc il eſt manifeſte qu'il
faut renoncer à l'idée d'un être
infiniment parfait, ou qu'il le
faut chercher dans une nature
ſimple & indiviſible, loin de ce
cahos qui ne ſubſiſteroit que
dans un perpetuel changement.

2°. Il faut reconnoître de
bonne foi, qu'un aſſemblage des
parties réellement diſtinguées
les unes des autres, ne peut point
être cette unité ſouveraine & infinie, dont j'ai l'idée. Si ce tout
étoit réellement un & ſimple,
il ſeroit vrai de dire que chaque
partie ſeroit le tout : Si chaque
partie étoit réellement le tout,
il faudroit qu'elle fût comme lui
réellement infinie, indiviſible,

2°. Ce qui
eſt compoſé
ne peut être
l'infini ab-
ſolu.

immobille, immuable, incapable d'aucune borne ni modification. Tout au contraire chaque
partie est defectueuse, bornée,
changeante, sujette à je ne sçai
combien de modifications successives. Il faudroit encore admettre une autre absurdité &
contradiction manifeste ; c'est
qu'y aïant une identité réelle
entre toutes les parties qui feroient un tout réellement un &
indivisible, il s'ensuivroit que
les parties ne feroient plus parties, & que l'une feroit réellement l'autre : d'où il faudroit
conclure, que l'air feroit l'eau,
& que le ciel feroit la terre ; que
l'hemisphere où il est la nuit, feroit celui où il feroit jour ; que
la glace feroit chaude, & le feu
froid ; qu'une pierre feroit du
bois ; que le verre feroit du marbre ; & qu'un corps rond feroit

tout ensemble rond, quarré, triangulaire, & de toutes les figures & dimensions convenables à l'infini ; que mes erreurs seroient celles de mon voisin ; que je serois tout ensemble croïant ce qu'il croit, & doutant des mêmes choses qu'il croit & dont je doute ; il seroit vicieux par mes vices ; je serois vertueux par ses vertus ; & je serois tout ensemble vicieux & vertueux, sage & insensé, ignorant & instruit : En un mot, tous les corps & toutes les pensées de l'univers ne faisant tous ensemble qu'un seul être simple, réellement un & indivisible, il faudroit broüiller toutes les idées, confondre toutes les natures & proprietez, renoncer à toutes les distinctions, attribuer à la pensée toutes les qualitez sensibles des corps, & aux corps toutes les

penſées des êtres penſans ; il faudroit attribuer à chaque corps
toutes les modifications de tous
les corps & de tous les eſprits ;
il faudroit conclure , que chaque partie eſt le tout , & que
chaque partie eſt auſſi chacune
des autres parties : ce qui ſeroit
un monſtre dont la raiſon à honte & horreur : Ainſi rien n'eſt ſi
infenſé que cette viſion. S'il y a
identité réelle entre les parties
& le tout, il faut dire , ou que
le tout eſt chaque partie , ou que
chaque partie eſt le tout : Si le
tout eſt chaque partie, il a toutes les modifications changeantes & tous les défauts qui ſont
dans les parties : donc ce tout
n'eſt pas l'être infiniment parfait ; & il renferme en ſoi d'infinies contradictions , par l'op-
poſition de toutes les modifications ou qualitez des parties. Si

au contraire chaque partie eſt le tout, chaque partie eſt donc infinie, immuable, incapable de bornes & de modifications: donc elle n'eſt plus partie ni rien de tout ce qu'elle paroît.

3°. Tout compoſé ne peut exiſter par ſoi.

3°. Dès que vous n'admettez point cette identité réelle & réciproque de tous les êtres de l'univers, vous ne pouvez plus en faire quelque choſe d'un, d'une unité réelle, ni par conſéquent en rien faire ni de parfait ni d'infini. Chacun de ces êtres a une éxiſtence indépendante des autres. Chaque atôme éxiſtant par lui-même, il faudroit qu'il fût lui ſeul pris ſéparement infiniment parfait ; car ſuivant la regle que nous avons poſée, on ne peut être à un plus haut degré d'être, que d'être par ſoi. Il eſt manifeſte qu'un ſeul atôme n'eſt point infiniment parfait , puisque tout le reste de la matiere de l'univers ajoûte tout à son étenduë & à sa perfection. Donc chaque atôme pris séparement ne peut éxister par soi-même. S'il n'éxiste point par soi-même , il ne peut éxister que par autrui ; & cet autrui qu'il faut necessairement trouver , est la premiere cause que je cherche.

Je remarque en passant, qu'il faut conclure de tout ceci, que tout composé doit necessairement avoir des bornes. Un être qui est parfaitement un & simple peut être infini, parce que l'unité ne le borne point ; & qu'au contraire plus il est un, plus il est parfait : de sorte que s'il est souverainement un, il est souverainement & parfaitement parfait. Mais pour tout ce qui est composé aïant des parties bornées, dont l'une n'eft point réellement l'autre, & dont l'une a fon éxiftence indépendante de l'autre, je puis concevoir nettement la non - éxiftence d'une de fes parties, puifqu'elle n'eft point effentiellement éxiftante par elle-même : Je puis, dis-je, la concevoir fans alterer ni diminuer l'éxiftence de toutes les autres. Cependant il eft manifefte qu'en ne concevant plus cette partie comme éxiftante & unie aux autres, j'amoindris le tout. Un tout amoindri n'eft point infini : ce qui eft moindre eft borné ; car ce qui eft au deffous de l'infini n'eft point infini. Si ce tout eft amoindri, il eft borné. Comme il n'eft amoindri que par les retranchemens d'une feule unité, il s'enfuit clairement qu'il n'étoit point infini, avant même que cette unité en eût été detachée ; car vous ne pouvez jamais faire l'infini d'un compofé fini, en lui ajoûtant une feule unité finie. Ma conclufion eft, que tout compofé nepeut jamais être infini. Tout ce qui a des parties réelles qui font bornées & mefurables, ne peut compofer que quelque chofe de fini. Tout nombre collectif ou fucceffif ne peut jamais être infini. Qui dit nombre, dit amas d'unitez réellement diftinguées & reciproquement indépendantes les unes des autres pour exifter & n'exifter pas. Qui dit amas d'unitez réciproquement indépendantes, dit un tout qu'on peut diminuer, & qui par conféquent n'eft point infini. Il eft certain que le même nombre étoit plus grand avant le retranchement d'une unité, qu'il ne l'eft après qu'elle eft retranchée. Depuis

le retranchement de cette unité bornée , le tout n'eſt point
infini : donc il ne l'étoit point
avant ce retranchement. L'unique moïen d'éluder ce raiſonnement eſt de dire, qu'il y a
dans l'infini des infinitez d'infini ; mais c'eſt un tour captieux.
Il ne faut point s'imaginer qu'il
puiſſe y avoir des infinis abſolus
plus grands les uns que les autres. Si l'on étoit bien attentif
à la vraie idée de l'infini, on con-
cevroit ſans peine qu'il ne peut
y avoir ni de plus ni de moins,
qui ſont les meſures relatives,
dans ce qui ne peut jamais avoir
aucune meſure. Il eſt ridicule
de penſer, qu'il y ait rien au de-
là d'une choſe dès qu'elle eſt
veritablement infinie ; ni que
cent mille millions d'infinis
ſoient plus qu'un ſeul infini. C'eſt
dégrader l'infini que d'en ima-

giner plufieurs , puifque plufieurs n'ajoûtent rien de réel à
un feul.

Voila donc une regle qui me
paroît certaine pour rejetter
tous les infinis compofez ; ils fe
détruifent & fe contredifent
eux-mêmes par leur compofi-
tion ; ils ne peuvent être ni infinis ni parfaits ; ils ne peuvent
être infinis par la raifon que je
viens d'expliquer ; ils ne peuvent
être parfaits au plus haut degré
de perfection , puifque je conçois qu'un être infini & réellement un , doit être incompara-
blement plus parfait que tous
ces compofez. Donc il eft effentiel pour remplir mon idée d'u-
ne infinie perfection de revenir
à une unité , & toutes les perfections que je cherche dans les
compofez loin d'augmenter par
la multitude , ne font que s'af-

foiblir en se multipliant.

4°. Com-
posé d'Etres
infinis ne
répond
pas à l'idée
de l'infinite
absoluë.

4°. J'ai reconnu une verité
dont il ne m'est pas permis de
douter, c'est que l'Etre & la
Bonté ou Perfection sont préci-
sément la même chose. La perfection est quelque chose de positif, & l'imperfection n'est que
l'absence de ce positif : Or il n'y
a rien de réel & de positif que
l'Etre. Tout ce qui n'est point
réellement l'être est le néant ;
diminuez la perfection vous diminuez l'être ; ôtez-la entierement vous anéantissez l'être ;
augmentez la perfection vous
augmentez l'être ; il est donc
vrai que ce qui est peu, a peu de
perfection, ce qui est davantage est plus parfait, ce qui est infiniment, est infiniment parfait ;
s'il y avoit donc un composé infini, il faudroit qu'il eût une perfection infinie. Puisqu'il auroit

un

un être infini, il auroit une fubftance infinie, il auroit une varieté infinie de modifications qui
feroient toutes des veritables degrez de perfection, & par conféquent il y auroit dans cet infini infiniment varié, un infini actuel de veritables perfections.
On n'oferoit pourtant dire qu'il
fût infiniment parfait, par la raifon que j'ai fi fouvent retou-
chée ; c'eft que ce tout n'eft
point un, il ne fait point une u-
nité fimple, réelle, à laquelle on
puiffe attribuer l'être de toutes
les parties pour y accumuler une
infinie perfection. Par-là on tombe, en fuppofant ce tout, dans
une abfurdité & une contradiction manifefte. On fuppoferoit
d'un côté un compofé infini, &
par conféquent des perfections
infinies ; & cependant on eft
obligé de reconnoître de l'autre

que ce compofé n'eſt pourtant
pas infiniment parfait, quoiqu'il
contiẽne un infini de perfeⱷions;
car un feul être qui fans parties
exiſteroit infiniment, feroit infiniment plus parfait; d'où je conclus que ce compofé infini eſt
une chimere indigne d'un examen ferieux. Pour me convain-
cre encore mieux de ce qui me
paroît déja clair; je prends l'affemblage de toüs les corps qui
paroiſſent m'environner & que
j'appelle l'univers; je fuppofe cet
univers infini en être, il doit
par confequent l'être en perfection. Cependant je ne fçaurois
dire qu'une maſſe infinie en quelque ordre & arrangement qu'on
la mette, puiſſe jamais être d'u-
ne infinie perfeⱷion; car cette
maſſe qui compofe tant de glo-
bes de terres & de cieux, quelqu'infinie qu'on la fuppofe, ne

se connoît point elle-même ; je ne puis m'empêcher de croire que ce qui se connoît soi-même & qui pense, est d'une perfection superieure. Je ne veux point examiner ici si la matiere pense, & je supposerai même pour un moment tant qu'on le voudra, que la matiere peut penser : Mais enfin la masse infinie de l'univers ne pense pas, & il n'y a que les corps organisez des animaux ausquels on puisse vouloir attribuer quelque pensée. Qu'on le prétende donc tant qu'on voudra, cela ne peut pas m'empêcher de reconnoître manifestement que cette portion de l'être qu'on appellera esprit, ou matiere, comme on voudra ; que cette portion, dis-je, de l'être qui pense & qui se connoît, a plus de perfection que la masse infinie & inanimée du reste de

l'univers. Voila donc quelque
chofe qu'il faut mettre au deffus
de l'infini. Mais paffons maintenant à cette portion de l'être
penfant qui eft fuperieure au refte de l'univers. Suppofons, pour
pouffer à bout la difficulté, un
nombre infini d'êtres penfans,
toutes nos difficultez revien-
nent toûjours. Un de ces êtres
n'eft point l'autre. On peut en
concevoir un de moins fans détruire tout le refte, & par-là on
détruit l'infini. Etrange infini,
que le retranchement d'une feule unité rend fini ! Ces êtres penfans font tous très - imparfaits ;
ils ignorent , ils doutent , ils fe
contredifent , ils pourroient a-
voir plus de perfection qu'ils n'en
ont & réellement ; ils croiffent
en perfection, lorfqu'ils fortent
de quelque ignorance ou qu'ils
fe tirent de quelque erreur, ou

qu'ils deviennent plus sinceres &
mieux intentionnez pour se con-
former à la raison. Quel est donc
cet infini en perfection, qui est
plein d'imperfections manifes-
tes ! quel est cet infini si fini par
tous les côtez, qui croît & qui
décroît sensiblement !

Je vois donc bien qu'il me
faut un autre infini pour remplir
cette haute idée qui est en moi.
Rien ne peut m'arrêter qu'un
infini simple & indivisible, immuable & sans aucune modification, en un mot un infini qui
soit un , & qui soit toûjours le
même. Ce qui n'est pas réellement & parfaitement immuable
n'est pas un ; car il est tantôt une
chose, tantôt une autre : ainsi ce
n'est pas un même être, mais plusieurs êtres successifs. Ce qui
n'est pas souverainement un ,
n'existe point souverainement.

Tout ce qui eſt diviſible n'eſt point le vrai & réel être ; ce n'eſt qu'une compoſition & un rapport de divers êtres, & non pas un être réel qu'on puiſſe déſigner. Ce n'eſt pas encore la réalité qu'on cherche & qu'on veut trouver ſeule : on n'arrive à la réalité de l'être que quand on parvient à la veritable unité de quelque être : ce qui exiſte ſouverainement doit être un, & être même la ſouveraine unité. Il en eſt de l'unité comme de la bonté, & de l'être ; ces trois choſes n'en font qu'une : ce qui exiſte moins eſt moins bon & moins un ; ce qui exiſte davantage eſt davantage bon & un ; ce qui exiſte ſouverainement eſt ſouverainement bon & un. Donc un compoſé n'eſt point ſouverainement, & il faut chercher dans la parfaite ſimplicité l'être ſouverain.

Je vous avois perdu de vûë pour un peu de tems, ô mon Trefor ! ô Unité infinie , qui furpaffez toutes les multitudes ! Je vous avois perdu , & c'é-toit plus que me perdre moi-mê-me ! Mais je vous retrouve avec plus d'évidence que jamais. Un nuage avoit couvert mes foibles yeux pour un moment ; mais vos raïons, ô Verité éternelle, ont percé ce nuage. Non , rien ne peut remplir mon idée que vous, ô Unité qui êtes tout , & devant qui tous les nombres ac-cumulez ne feront jamais rien ! Je vous revois & vous me rem-pliffez. Tous les faux infinis mis en votre place me laifferoient vuide : Je chanterai éternelle-ment au fond de mon cœur. *Qui eft femblable à vous !*

J'ai reconnu un premier être, qui a fait tout ce qui n'eft point

lui : mais il s'en faut bien que je n'aïe affez médité ce qu'il eft, & comment tout le refte eft par lui. Il eft l'être infini, par intention comme dit l'Ecole, & non par collection : Ce qui eft un, eft plus que ce qui eft plufieurs. L'unité peut-être parfaite, la multitude ne peut l'être, comme nous l'avons vû. Je conçois un être qui eft fouverainement un, & fouverainement & éminemment tout ; il n'eft rien de fini & de borné ; il a toutes les perfections poffibles ; il eft éminemment & fouverainement toute chofe; il ne peut être refferré dans aucune maniere d'être finie, & bornée. Etre une certaine chofe feulement, c'eft n'être que cette chofe en particulier. Quand je dis de l'Etre infini qu'il eft l'être par excellence, fans rien ajoûter, j'ai tout dit. Le mot
d'infini

d'infini que j'ai ajoûté, c'est un terme presque superflu. Les mots ne doivent être ajoûtez que pour ajoûter au sens des choses : ici qui ajoûte au mot d'être, ajoûte inutilement ; plus on ajoûte, plus on diminuë ; car ce qu'on ajoûte ne fait que limiter ce qui étoit dans sa premiere simplicité sans restriction. Qui dit l'être sans restriction, emporte l'infini, & il est inutile de dire l'infini. C'est pour ainsi dire dégrader l'être par excellence, que de croire avoir besoin d'ajoûter quelque chose quand on a dit qu'il est. Dieu est donc l'être ; & j'entends enfin cette grande parole de Moïse : Celui qui est, m'a envoïé vers vous. L'Etre est son nom essentiel, glorieux, incommunicable, ineffable, ignoré de la multitude.

I

J'ai l'idée de deux efpeces de l'être ; je conçois l'être penfant & l'être étendu. Que l'être é-tendu exifte actuellement ou non , il eft certain que j'en ai l'idée. Outre ces deux efpeces de l'être, Dieu fans doute peut en tirer du néant une infinité d'autres, dont il ne m'a donné aucune idée ; car il peut former des créatures correfpondantes aux divers degrez d'être qui font en lui, en remontant juf-qu'à l'infini. Toutes ces efpeces d'êtres poffibles font éminem-ment en lui , & comme dans leur fource. Tout ce qu'il y a d'être de verité & de bonté dans chacune de ces effences poffi-bles découle de lui , & elles ne font poffibles qu'autant que leur degré d'être, eft contenu émi-nemment en Dieu. Dieu eft donc éminemment & d'une maniere

infiniment parfaite tout ce qu'il y
a de réel & de pofitif dans les ê-
tres qui éxiftent, tout ce qu'il y a
de pofitif dans les effences de toutes les autres créatures poffibles,
dont je n'ai point d'idée. Il eft tellement tout être, qu'il a tout l'ê-
tre de chacune de fes créatures,
mais en retranchant la borne &
les imperfections qui la reftrai-
gnent. Otez toutes bornes ; otez
toute difference qui refferre l'ê-
tre dans les efpeces, vous demeu-
rerez dans l'univerfalité de l'être
& par conféquent dans la perfection infinie de l'être par lui-même. Il s'enfuit de-là, que l'être
infini ne pouvant être refferré
dans aucune efpece, Dieu à proprement parler, ne doit pas plus
être confideré fous l'idée ref-
trainte de ce que nous appellons
efprit, que fous quelque idée que
ce foit d'une perfection particu-
liere déterminée & exclufive de

toute autre ; car cette reſtriction ne peut convenir à l'être infini en perfections. Je ne prétens pas dire ici, que Dieu ne ſoit intelligent, mais je cherche au contraire à exprimer quelque choſe du caractere de ſa ſuprême intelligence ; à montrer qu'elle renferme éminemment en elle la réalité de toutes les perfections qu'elle communique, & que tout ce qu'il y a de réel & de poſitif dans l'intelligence & dans l'étenduë, découle de la plénitude de ſon être.

Ce qu'il y a de réel dans l'intelligence Dieu le poſſede dans un ſouverain degré; c'eſt ſa ſcience ; ſon verbe, ſa lumiere. Cependant ce ſeroit le dégrader que de le reſtraindre à l'idée d'eſprit dans ce degré & dans ce ſens où nous le ſommes. Son intelligence n'eſt ni ſucceſſive ni multipliée. Il n'eſt pas ſeulement eſprit, dans ce genre, & dans ce degré précis d'être qu'il nous a communiqué. Si nous voions son essence à découvert, nous verrions qu'il differe infiniment de l'idée que nous avons d'un esprit créé. Cette pensée loin de ravaler l'idée de l'être incomprehensible, est une exaltation de cette idée au suprême degré d'incomprehensibilité. Mais, dira-t-on : Pourquoi donc est-il dit que Dieu est un esprit ? d'où vient que l'Ecriture même l'assure ? C'est pour apprendre aux hommes grossiers, que Dieu est incorporel, & que ce n'est point un être borné par la nature materielle. C'est encore dans le dessein de faire entendre, que Dieu est intelligent comme les esprits, & qu'il a en lui tout le positif, c'est-à-dire, toute la perfection de ce que nous entendons par la pensée, quoiqu'il n'en ait point la

borne. Mais enfin, quand il en-
voïe Moïse avec tant d'autorité
pour prononcer son nom, & pour
declarer ce qu'il est, Moïse ne dit
point : Celui qui est Esprit m'a
envoïé vers vous : il dit, Celui
qui est. Celui qui est, dit infiniment davantage que celui qui est
esprit; celui qui est esprit n'est
qu'esprit ; celui qui est par excellence, est esprit, est créateur,
tout-puissant, immuable, il est
souverainement sans être rien de
fini & de particulier. Il ne faut
point disputer sur un équivoque.
Au sens où l'Ecriture apelle Dieu
esprit, sans doute il en est un ;
car il est incorporel, & souverainement intelligent ; mais il
est plus qu'esprit, & plus parfaitement esprit que nous ne pouvons le concevoir, ni l'exprimer. S'il étoit esprit selon notre
maniere bornée de concevoir,

ce qu'on appelle esprit, c'est-à-
dire, déterminé au genre particulier d'être, il n'auroit aucune puissance sur la nature corporelle, ni aucun rapport à tout
ce qu'elle contient ; il ne pourroit ni la produire, ni la conser-
ver, ni la mouvoir ; mais quand
je le conçois dans ce genre que
l'Ecole appelle transcendentel,
que nulle difference ne peut jamais faire déchoir de sa simplicité universelle, je conçois qu'il
peut égallement tirer de son ê-
tre simple & infini, les esprits,
les corps, & toutes les autres essences possibles qui correspondent à ses degrez infinis d'être.

De l'unité du premier Etre.

J'AI commencé à découvrir
l'être qui est par lui-même,
mais il s'en faut bien que je ne
I iiij

le connoisse, & je n'espere pas même de le connoître tout entier puisqu'il est infini, & que ma pensée a des bornes. Je conçois néanmoins que je puis en connoître beaucoup de choses en consultant l'idée que j'ai de la suprême perfection. Tout ce qui est clairement renfermé dans cette idée, doit être attribué à cet Etre souverain, & je dois aussi exclure de lui tout ce qui est contraire à cette idée. Il ne me reste donc pour connoître Dieu, autant qu'il peut être connu par mon foible raisonnement, qu'à chercher dans cette idée tout ce que je puis concevoir de plus parfait. Je suis assuré que c'est Dieu. Tout ce qui paroît excellent, mais au dessus de quoi on peut encore concevoir un autre degré d'excellence, ne peut lui appartenir : car il n'est pas seulement la perfection , mais il eſt la perfection ſuprême en tout genre. Ce principe eſt bien-tôt poſé ; mais il eſt très-fécond : les conſéquences en ſont infinies , & c'eſt à moi à prendre garde de les tirer toutes ſans me relâcher jamais.

1°. L'Etre qui eſt par lui-même eſt un , comme je l'ai déja remarqué : S'il étoit compoſé il ne ſeroit plus parfaitement parfait : car je conçois qu'à choſes égales d'ailleurs, ce qui eſt ſimple , indiviſible & veritablement un , eſt plus parfait que ce qui eſt diviſible & compoſé de parties. J'ai même déja reconnu que nul compoſé diviſible ne peut être veritablement infini.

2°. Je conçois qu'il ne peut point y avoir deux êtres infiniment parfaits. Toutes les raiſons qui me convainquent qu'il faut qu'il y en ait un, ne me permettent pas de croire qu'il y en ait deux. Il faut qu'il y ait un être par lui-même, qui ait tiré du néant tous les autres êtres qui ne font point par eux-mêmes : cela eſt clair. Mais un ſeul être par ſoi-même ſuffit pour tirer du néant tout ce qui en a été tiré. A cet égard deux ne feroient pas plus qu'un ; par conſéquent rien n'eſt plus inutile & plus temeraire, que d'en croire pluſieurs. Deux également parfaits feroient ſemblables en tout, & l'un ne feroit qu'une repetition inutile de l'autre : il n'y a pas plus de raiſon de croire qu'il y en a deux, que de croire qu'il y en a cinq cent mille. De plus je conçois qu'une infinité d'êtres infiniment parfaits ne mettroient dans la nature rien de réel au de-là d'un ſeul être infiniment parfait : rien ne peut aller au de - là du véritable infini : & quand on s'imagine que plusieurs infinis font plus qu'un infini tout seul, c'est qu'on perd de vûë ce que c'est qu'infini, & qu'on détruit par une supposition fausse & qui se contredit elle-même, ce qu'on avoit supposé en consultant la pure idée de l'infini. Il ne peut point y avoir plusieurs infinis. Qui dit plusieurs, dit une augmentation de nombres : l'infini ne peut admettre ni nombre ni augmentation. Qu'on suppose cent mille êtres infiniment parfaits, ils ne pourroient faire tous ensemble dans leur collection qu'une perfection infinie, & rien au de-là. Un seul être infiniment parfait fournit également cette infinie perfection, avec cette difference, qu'un seul être infiniment parfait est infiniment un & simple ; au lieu que cette collection infinie d'êtres infiniment parfaits, auroit le défaut de la composition ou de la collection, & par conséquent seroit moins parfaite, qu'un seul être qui auroit dans son unité l'infinie & souveraine perfection : ce qui détruit la supposition & renferme une contradiction manifeste.

D'ailleurs il faut remarquer, que si nous supposons deux êtres dont chacun soit par soi-même, aucun des deux n'aura point veritablement une perfection infinie ; en voici la preuve qui est claire. Une chose n'est point infiniment parfaite quand on peut en concevoir une autre d'une perfection superieure. Or est-il que je conçois quelque chose de plus parfait que ces deux êtres par eux - mêmes que nous venons de supposer : donc ces

deux êtres ne feroient point infiniment parfaits. Il me refte
à prouver que je conçois quelque chofe de plus parfait que
ces deux êtres, & je n'aurai aucune peine à le demontrer. Quelque concorde & quelque union
qu'on fe prefente entre deux
premiers êtres, il faut toûjours
fe les reprefenter comme deux
puiffances mutuellement indépendantes, & dont l'une ne peut
rien ni fur l'action, ni fur les
ouvrages de l'autre. Voila ce
qu'on peut penfer de mieux pour
ces deux êtres, pour éviter l'op-
pofition entre eux : Mais ce fyf-
teme eft bien-tôt renverfé. Il
eft plus parfait de pouvoir tout
feul produire toutes les chofes
poffibles, que de n'en pouvoir
produire qu'une partie quelque
infinie qu'on veuille fe l'imaginer, & d'en laiffer à une autre

cauſe une autre partie également infinie à produire de ſon
côté : En un mot, il eſt plus parfait de réünir en ſoi la toute-
puiſſance, que de la partager
avec un autre être égal à ſoi.
Dans ce ſyſtème chacun de ces
deux êtres n'auroit aucun pouvoir ſur tout ce que l'autre auroit fait ; ainſi ſa puiſſance ſeroit
bornée, & nous en concevons
une autre bien plus grande, je
veux dire celle d'un ſeul premier
être qui réüniroit en lui la puiſſance des deux êtres. Donc un
ſeul être par ſoi-même eſt quelque choſe de plus parfait que
deux êtres, qu'on ſuppoſeroit
avoir par eux-mêmes l'éxiſtence. Cela poſé, il s'enſuit clairement que pour remplir mon
idée d'un être infiniment parfait, de laquelle je ne dois jamais rien relâcher, il faut que

je lui attribuë d'être souverainement un : ainsi qui dit perfection souveraine & infinie reduit
manifestement tout à l'unité. Je
ne puis donc avoir aucune idée
de deux êtres infiniment parfaits ; car l'un partageant la
puissance infinie avec l'autre, il
partageroit aussi avec lui l'infinie perfection , & par conséquent chacun d'eux seroit moins
puissant & moins parfait , que
s'il étoit tout seul. D'où il faut
conclure contre la supposition,
que ni l'un ni l'autre ne seroit
veritablement cette souveraine
& infinie perfection que je cherche & qu'il faut que je trouve
quelque part , puisque j'en ai
une idée claire & distincte. On
peut encore faire ici une remarque decisive ; c'est que si ces
deux êtres qu'on suppose égaux
sont également & infiniment

parfaits, ils se ressemblent en
tout ; car si chacun contient
toute perfection, il n'y en a aucune dans l'un qui ne soit de même dans l'autre ; s'ils sont si
exactement semblables en tout,
il n'y a rien qui distingue l'idée
de l'un avec l'idée de l'autre ; &
on ne peut les discerner que par
l'indépendance mutuelle de leur
éxistence, comme les individus
d'une même espece ; s'ils n'ont
aucune distinction ou dissem-
blance dans l'idée, il n'est donc
pas vrai que j'aie des idées dis-
tinctes des deux êtres de cette
nature, & par conséquent je ne
dois pas croire qu'ils éxistent.

3°. Il est évident qu'il ne peut
point y avoir plusieurs êtres par
eux-mêmes qui soient inégaux ;
en sorte qu'il y en ait un superieur aux autres, & auquel les
autres soient subordonnez. J'ai
déja

déja remarqué , que tout être qui éxiste par soi-même & necessairement , est au souverain degré de l'être, & par conséquent de la perfection. S'il est souverainement parfait , il ne peut être inferieur en perfection à aucun autre : Donc il ne peut y avoir plusieurs êtres par eux-mêmes, qui soient subordonnez les uns autres ; il ne peut y en avoir qu'un seul , infiniment parfait & necessairement éxistant par soi-même. Tout ce qui éxiste au dessous de celui-là n'éxiste que par lui, & par conséquent tout ce qui lui est inferieur est infiniment au dessous de lui , puisqu'il y a une distance infinie entre l'éxistence necessaire par soi - même qui est essentielle à l'infinie perfection, & l'éxistence empruntée d'autrui, qui emporte toûjours une perfection bornée ; & par conséquent (s'il m'est permis de parler ainsi) une distance infinie de la suprême perfection.

4°. L'Etre par lui-même ne peut être qu'un : Il est l'être sans rien ajoûter. S'il étoit deux, ce seroit un ajoûté à un ; & chacun des deux ne seroit plus l'être sans rien ajoûter : Chacun des deux seroit borné & restraint par l'autre. Les deux ensemble feroient la totalité de l'être par soi, & cette totalité feroit une composition : Qui dit composition, dit parties & bornes, parce que l'une n'est point l'autre : Qui dit composition de parties, dit nombre, & exclut l'infini, qui ne peut être qu'un. L'Etre suprême doit être la suprême unité. Puis qu'être & unité font synonimes, nombre, & bornes font synonimes. J'en conclus

que plusieurs Dieux non - seulement ne seroient pas plus qu'un
seul Dieu , mais encore seroient
infiniment moins qu'un seul. Ils
ne seroient pas plus qu'un seul :
car cent millions d'infinis ne
peuvent jamais surpasser un seul
infini ; l'idée veritable de cet infini, exclut tout nombre d'infinis, & l'infinité même d'infinis.
Qui dit infinité d'infinis ne fait
qu'imaginer une multitude con-
fuse d'êtres indéfinis, c'est-à-dire , sans bornes précises , mais
néanmoins veritablement bornez. Dire une infinité d'infinis,
c'est un pleonasme & une vaine
& puerile répetition du même
terme, sans pouvoir rien ajoûter à la force de sa simplicité :
c'est comme si on parloit de
l'anéantissement du néant. Le
néant anéanti est ridicule , & il
n'est pas plus néant que le néant

simple ; de même l'infinité des infinis n'eſt que le ſimple infini unique & indiviſible. Qui dit ſimplement infini, dit un être auquel on ne peut rien ajoûter ; ce qui pourroit être ajoûté étant diſtingué de cet infini, ne ſeroit point lui, & ſeroit quelque choſe qui en ſeroit la borne : Donc l'infini auquel on pourroit ajoûter ne ſeroit pas un vrai infini. L'infini étant l'être auquel on ne peut rien ajoûter, une infinité d'infinis ne ſeroient pas plus que l'infini ſimple : Ils ſont clairement impoſſibles, car les nombres ne ſont que des ré_petitions de l'unité ; & toute ré_petition eſt une addition. Puiſ_qu'on ne peut ajoûter à l'infini, il eſt évident qu'il eſt impoſſible de le répeter. Le tout eſt plus que les parties : les infinis ſimples dans cette ſuppoſition feroient

les parties : l'infinité d'infinis
seroient le tout, & le tout ne seroit point plus que chaque partie. Donc il est absurde & ex-
travagant de vouloir imaginer,
ni une infinité d'infinis, ni même aucun nombre d'infinis.

J'ajoûte que plusieurs infinis
seroient infiniment moins qu'-
un ; un infini veritablement un,
est veritablement infini. Ce qui
est parfaitement, & souverainement un, est parfait, est l'être
souverain, est l'être infini, parce que l'unité, comme nous l'a-
vons vû, & l'être sont synonimes. Un nombre pluriel, ou une
infinité d'infinis seroient infiniment moins qu'un seul infini. Ce
qui est composé consiste en des
parties, dont l'une réellement
n'est point l'autre, dont l'une
est la borne de l'aute. Tout ce
qui est composé de parties bor-

nées, eſt un nombre borné, &
ne peut jamais faire la ſuprême unité qui eſt l'être ſuprême
& le vrai infini : Ce qui n'eſt
pas veritablement infini eſt infiniment moindre que l'infini.
Donc pluſieurs infinis ou une
infinité d'infinis ſeroient infiniment moins, qu'un ſeul veritable infini. Dieu, c'eſt l'infini :
Donc il eſt évident qu'il eſt un,
& que pluſieurs Dieux ne ſeroient pas Dieux. Cette ſuppoſition ſe détruit elle-même : En
multipliant l'unité infinie, on la
diminuë ; parce qu'on lui ôte
ſon unité, dans laquelle ſeule
peut ſe trouver le vrai infini.

5°. Le vrai infini eſt l'être le
plus être, que nous puiſſions
concevoir. Il faut remplir entierement cette idée de l'infini,
pour trouver l'être infiniment
parfait. Cette idée épuiſe d'a-

bord tout l'être, & ne laiſſe rien pour la multiplication. Un ſeul être, qui eſt par lui ſeul, qui a en ſoi la totalité de l'être avec une fecondité unique & univer-ſelle, en ſorte qu'il fait être, tout ce qui lui plaît, & que rien ne peut être hors de lui que par lui ſeul, eſt ſans doute infi-niment ſuperieur à un être qu'on ſuppoſe par ſoi, indépendant & fecond, mais qui a un égal indé-pendant & fecond comme lui : outre que ces deux prétendus in-finis ſeroient la borne l'un de l'autre, & par conſéquent ne ſe-roient ni l'un ni l'autre infinis. De plus chacun d'eux ſeroit moins, qu'un ſeul infini qui n'au-roit point d'égal : La ſimple é-galité, eſt une dégradation par comparaiſon à l'être, unique, & ſuperieur à tout ce qui n'eſt pas lui.

6°. Enfin chacun de ces Dieux connoîtroit ou ignoreroit son égal. S'il l'ignoroit, il auroit une intelligence deffectueuse ; il seroit ignorant d'une verité infinie. S'il connoissoit parfaitement son égal, son intelligence surpasseroit infiniment son intelligibilité : son intelligibilité seroit la verité au de-là de laquelle son intelligence appercevroit une autre intelligibilité infinie ; je veux dire, celle de son égal. Son intelligibilité & son intelligence seroient pourtant sa propre essence : donc il seroit plus parfait & moins parfait que lui même ; ce qui est impossible. De plus voici une autre contradiction. Ou chacun de ces deux infinis pourroit produire des êtres à l'infini, ou il ne le pourroit pas. S'il ne le pouvoit pas, il ne seroit pas infini contre la
supposition

fuppofition. Si au contraire il le
pouvoit indépendemment l'un
de l'autre, le premier qui commenceroit à produire des êtres,
détruiroit fon égal ; car cet égal
ne pourroit pas produire ce que
le premier auroit produit : donc
fa puiffance feroit bornée par
cette reftriction. Borner fa puiffance ce feroit borner fa perfection, & par conféquent fa fubftance même. Donc il eft clair
que le premier des deux qui agiroit librement fans l'autre, détruiroit l'infini de fon égal. Que
fi on fuppofe qu'ils ne peuvent
agir l'un fans l'autre, je conclus
que ces deux puiffances réciproquement dependantes l'une de
l'autre, font imparfaites & bornées l'une par l'autre, & qu'elles font un compofé fini. Il faut
donc revenir à une puiffance veritablement une & indivifible,

pour trouver le veritable infini.
Il n'y auroit pas plus de raison
à admettre deux êtres infinis,
qu'à en admettre cent mille, &
qu'à en admettre un nombre
infini. On ne doit admettre
l'infini qu'à cause de l'idée que
nous en avons. Il n'eſt donc
queſtion que de trouver ce qui
remplit cette idée. Or eſt-il,
qu'un ſeul infini la remplit toute entiere ; qu'un infinité d'infinis n'y ajoûte rien ; qu'au contraire ils ſe détruiroient les uns
les autres, & que leur collection
ne ſeroit plus qu'un tout fini,
par une contradiction manifeſte. Donc il eſt évident qu'il ne
peut y avoir qu'un ſeul infini.

Quelle folie donc d'adorer
pluſieurs dieux. Pourquoi en
croirai-je plus d'un? L'idée de la
ſouveraine perfection ne ſouffre
que l'unité. O vous, Etre infini

qui vous montrez à moi, vous êtes l'Etre par excellence ; & il ne faut plus rien chercher aprés vous ! Vous rempliſſez toutes choſes, & il ne reſte plus de place ni dans l'univers ni dans mon eſprit même pour une autre perfection égale à la vôtre. Vous épuiſez toute ma penſée. Tout ce qui n'eſt pas vous, eſt infiniment moins que vous. Tout ce qui n'eſt pas vous-même, n'eſt qu'une ombre de l'être, un être à demi tiré du néant, un rien dont il vous plaît de faire quelque choſe. O Etre ſeul digne de ce nom ! Qui eſt ſemblable à vous ? Où ſont donc les vains fantômes de divinité, que l'on a oſé comparer à vous ? Vous êtes, & tout le reſte n'eſt point devant vous. Vous êtes, & tout le reſte qui n'eſt que par vous, eſt comme s'il n'etoit pas. C'eſt

vous qui avez fait ma penſée :
C'eſt vous ſeul qu'elle cherche
& qu'elle admire. Si je ſuis quelque choſe, ce quelque choſe
ſort de vos mains : Il n'étoit
point, & par vous il a commencé à être : Il ſort de vous, & il
veut retourner à vous. Recevez
donc ce que vous avez fait : Re-
connoiſſez votre ouvrage. Pe-
riſſent tous les faux dieux qui
ſont les vaines images de votre
grandeur. Periſſe tout être, qui
veut être pour ſoi-même, ou
qui veut que quelque autre être
ſoit pour lui. Periſſe, periſſe tout
ce qui n'eſt point à celui qui a
tout fait pour lui-même. Periſſe
toute volonté monſtrueuſe & é-
garée, qui n'aime point l'unique bien, pour l'amour duquel
tout ce qui eſt a reçû l'être.

Simplicité.

JE conçois clairement par toutes les reflexions que j'ai déja
faites, que le premier être est
souverainement un & simple ;
d'où il faut conclure que toutes ses perfections n'en font
qu'une ; & que si je les multiplie, c'est par la foiblesse de
mon esprit, qui ne pouvant d'u-
ne seule vûë embrasser le tout
qui est infini & parfaitement un,
le multiplie pour se soulager &
le divise en autant de parties
qu'il a de rapport à diverses
choses hors de lui. Ainsi je me
represente en lui autant de degrez d'être qu'il en a communiqué aux créatures qu'il a pro-
duites, & une infinité d'autres
qui correspondent aux créatures plus parfaites en remontant

jufqu'à l'infini qu'il pourroit tirer du néant. Tout de même je me reprefente cet être unique par diverfes faces, pour ainfi dire, fuivant les divers rapports qu'il a à fes ouvrages ; c'eft ce qu'on nomme perfection ou attribut : Je donne à la même chofe divers noms, fuivant les divers rapports exterieurs ; mais je ne prétends point par ces divers noms exprimer des chofes réellement diverfes. Dieu eft infiniment intelligent, infiniment puiffant, infiniment bon ; fon intelligence, fa volonté, fa bonté, fa puiffance ne font qu'une même chofe réellement ; ce qui penfe en lui eft le même qui veut ; ce qui agit, ce qui peut & qui fait tout, eft précifement le même qui penfe & qui veut ; ce qui prépare, ce qui arrange, & qui conferve tout, eft le mê-

me qui détruit ; ce qui punit ,
est le même qui pardonne & qui
redreſſe ; en un mot, en lui tout
est un d'une suprême unité. Il
est vrai que malgré cette unité
suprême, j'ai un fondement de
diſtinguer ſes perfections , de les
conſiderer l'une ſans l'autre ,
quoique l'une ſoit l'autre réellement : C'eſt qu'en lui, comme
je l'ai remarqué , l'unité eſt é-
quivalente & infiniment ſuperieure à la multitude. Ainſi je
diſtingue ſes perfections , non
pour me repreſenter qu'elles
ont quelque ombre de diſtinc-
tions entre elles : mais pour les
conſiderer par rapport à cette
multitude des choſes créées que
l'unité ſouveraine ſurpaſſe infiniment. Cette diſtinction des perfections divines que j'admets en
conſiderant Dieu , n'eſt donc
rien de réel en lui ; & je n'au-

rois aucune idée de lui, dès que je cesserois de le croire souverainement un : Mais c'est un ordre & une methode que je mets par necessité dans les operations bornées & successives de mon esprit, pour me faire des especes d'entrepôts dans ce travail, & pour contempler l'infini à diverses reprises en le regardant par rapport aux diverses choses qu'il fait hors de lui. Il ne faut point s'étonner que quand je contemple la divinité, mon operation ne puisse point être aussi une que mon objet. Mon objet est infini & infiniment un ; mon esprit & mon operation ne sont ni infinis ni infiniment uns ; au contraire ils sont infiniment bornez & multipliez. O Unité infinie ! je vous entrevois, mais c'est toûjours en me multipliant. Universelle & indivisible Verité ! ce n'eſt pas vous que je diviſe, car vous demeurez toûjours une & toute entiere ; & je croirois faire un blaſphême, que de croire en vous quelque compoſition : Mais c'eſt moi, ombre de l'unité, qui ne ſuis jamais entierement un. Non, je ne ſuis qu'un amas & un tiſſu de penſées ſucceſſives & imparfaites. La diſtinction qui ne peut ſe trouver dans vos per-fections, ſe trouve réellement dans mes penſées qui tendent vers vous, & dont aucune ne peut atteindre juſqu'à la ſuprê-me Unité. Il faudroit être un autant que vous, pour vous voir d'un ſeul regard indiviſible dans votre unité infinie.

O multiplicité créée, que tu es pauvre dans ton abondance apparente ! Tout nombre eſt bientôt épuiſé ; toute compoſi-tion a des bornes étroites ; tout

ce qui eſt plus d'un, eſt infiniment moins qu'un. Il n'y a proprement que l'unité elle ſeule :
Elle eſt plus que tout le reſte ;
car tout le reſte n'éxiſte que par
dépendance ; & on ne ſçait préciſément où il éxiſte, ni quand
il éxiſte. En diviſant toûjours,
on cherche toûjours l'être qui
eſt l'unité, & on le cherche ſans
le trouver jamais. La compoſi-
tion n'eſt qu'une repreſentation
& une image trompeuſe de l'ê-
tre. Ce qui a la réalité en ſoi,
n'eſt point pluſieurs ; il eſt ſin-
gulier, & n'eſt qu'une ſeule choſe. Ce qui eſt vrai & réel en ſoi,
doit ſans doute être préciſement
ſoi-même & rien au de-là. Mais
où trouverons - nous cet être
réel & vrai en ſoi indépendam-
ment de tout autre être ? Pour
y parvenir il faut arriver juſqu'à
la réelle & veritable unité : Cet-

te unité où est-elle , si non en Dieu ? O Dieu ! il n'y a que vous. Moi-même , je ne suis presque point : Je ne puis me trouver dans cette multitude de pensées successives qui font tout ce que je puis trouver de moi. L'unité qui est la verité même , se trouve si peu en moi, que je ne puis concevoir l'unité suprême, qu'en la divisant & en la multipliant, comme je suis moi-même multiplié. A force d'être plusieurs pensées dont l'une n'est point l'autre , je ne suis plus rien ; & je ne puis pas même voir d'une seule vûë celui qui est un, parce qu'il est un, & que je ne le suis pas. O qui me tirera des nombres , des compositions & des successions qui sentent si fort le néant ! Plus on multiplie les nombres, plus on s'éloigne de l'être précis & réel qui n'eſt que dans l'unité : Les compoſitions ne ſont que des aſſemblages de bornes ; tout y porte le caractere du néant ; c'eſt un je ne ſçai quoi, qui n'a aucune conſiſtance, qui échappe de plus en plus à meſure que l'on s'y enfonce, & qu'on y veut regarder de plus près : Ce ſont des nombres magnifiques , & qui ſemblent promettre les unitez qui les compoſent ; mais les unitez ne ſe trouvent point : Plus on preſſe pour les ſaiſir , plus elles s'évanoüiſſent : La multitude augmente toûjours ; & les unitez ſeules, veritables fondemens de la multitude, ſemblent fuïr & ſe joüer de notre recherche : Les nombres ſucceſſifs s'enfuient auſſi toûjours : Celui dont nous parlons, pendant que nous en parlons, n'eſt déja plus : celui qui le touche, à peine eſt il , &c

il finit ; trouvez-le, si vous pouvez : le chercher, c'est l'avoir
déja perdu. L'autre qui vient,
n'est pas encore : il fera, mais
il n'est rien ; & il fera néanmoins
un tout avec les autres qui ne
font plus rien. Quel assemblage, de ce qui n'est plus, de ce
qui cesse actuellement d'être, &
de ce qui n'est pas encore ! C'est
pourtant cette multitude de
néans qui compose mon éxistence ; de ce moi qui contemple
l'être ; qui le divise pour le contempler ; & en le divisant qui
confesse que la multitude ne peut
atteindre l'unité indivisible.

Eternité.

QUoique je ne puisse voir
d'une vûë assez simple la
souveraine simplicité de Dieu,
je conçois néanmoins comment

toute la varieté des perfections
que je lui attribuë, se réünit
dans un seul point essentiel. Je
conçois en lui une premiere chose; qui est lui-même tout entier, si je l'ose dire; & dont toutes les autres résultent. Posé ce
premier point, tout le reste s'ensuit clairement & immediate-
ment. Mais quel est-il ce point?
C'est celui-là même par lequel
nous avons commencé, & qui
m'a découvert la necessité d'un
premier être. Etre par soi-même, c'est la source de tout ce
que je trouve en Dieu : c'est par-
là que j'ai reconnu qu'il est infiniment parfait. Ce qui a l'être
par soi, éxiste au suprême degré, & par conséquent possede
la plenitude de l'être. On ne
peut atteindre au suprême degré & à la plenitude de l'être,
que par l'infini ; car aucun fini

n'eſt jamais ni plein ni ſuprême, puiſqu'il y a toûjours quelque choſe de poſſible au deſſus. Donc il faut que l'être par ſoi-même ſoit un être infini : s'il eſt un être infini , il eſt infiniment parfait ; car l'être , la bonté & la perfection ſont la même cho-ſe : d'ailleurs on ne peut rien concevoir de plus parfait , que d'être par ſoi ; & toute perfec-tion d'un être qui n'eſt point par ſoi, quelque haute qu'on ſe la re-preſente , eſt infiniment au deſ-ſous de celle d'un être qui eſt par lui-même : Donc l'être qui eſt par lui-même & par qui tout ce qui n'eſt pas lui, exiſte, eſt infini-ment parfait. Il faut même pour faciliter cette diſcution , en re-glant les termes dont je ſuis obli-gé de me ſervir , arrêter une fois pour toutes, qu'à l'avenir les ma-nieres de m'exprimer , *être par*

foi-même, être neceſſaire, être infiniment parfait, premier être, premiere cauſe, & *Dieu*, ſont termes abſolument ſynonimes.

De cette idée de l'être neceſſaire j'ai tiré la ſimplicité &
l'unité de Dieu : la ſimplicité ;
parce que rien de compoſé ne
peut être ni infiniment parfait
ni même infini : Son unité, puiſque s'il y avoit deux êtres ne-
ceſſaires & indépendans l'un de
l'autre , chacun d'eux feroit
moins parfait dans cette puiſſance partagée,qu'unſeul qui la réünit toute entiere. Maintenant
examinons les autres perfections
que je dois lui attribuer.

Il eſt immuable. Ce qui eſt par
foi ne peut jamais être conçû au
trement : il a toûjours la même
raiſon d'exiſter,& la même cauſe de ſon exiſtence, qui eſt ſon
eſſence même ; il eſt donc immuable

muable dans son existence. Il
n'est pas moins incapable de
changemens pour les manieres
d'être, que pour le fond de l'ê-
tre. Dès qu'on le conçoit infini
& infiniment simple, on ne peut
plus lui attribuer aucune modification ; car les modifications
sont les bornes de l'être : Etre
modifié d'une telle façon, c'est
être de cette façon à l'exclusion
de toutes les autres. L'infini
parfait ne peut donc avoir aucune modification, & par conséquent n'en sçauroit changer :
il n'en peut avoir non plus pour
ses parties que pour son tout,
puisqu'il n'a aucune partie : donc
il est simplement & absolument
immuable. Ce qu'il produit hors
de lui est toûjours fini. La créature aïant des bornes dans son
être, elle a par conséquent des
modifications : N'étant pas in-

finie, il faut qu'elle foit un être fini & particulier ; il faut qu'elle foit referrée dans les bornes étroites de quelque maniere précife d'être. Il n'y a que celui qui poffede éminenment tout, & qui eft infini, qui n'eft jamais rien de fingulier, & qui efface toutes les diftinctions. Il eft l'être fimple & fans reftriction.

Quoique chaque modification prife en particulier ne foit pas effentielle à la créature, parce qu'elle n'a rien à foi de neceffaire, rien qui ne foit contingent & variable au gré de celui qui la produit, il lui eft néanmoins effentiel d'être borné dans fes modifications. Ce qui n'eft point par foi ne peut jamais renfermer toutes les perfections ; ce qui ne les renferme point ne peut exifter qu'avec une borne : vous pouvez changer fa borne, mais

il lui en faut toûjours une necessairement. Aussitôt que j'ai
reconnu que la créature est essentiellement bornée & changeante par la mutabilité de ses
bornes, je trouve ce que c'est
que le tems. Le tems sans en
chercher une definition plus
exacte, est le changement de la
créature : qui dit changement ,
dit succession ; car ce qui change passe necessairement d'un é-
tat à un autre : l'état d'où l'on
sort, précede ; & celui où l'on
entre, suit ; le tems est le changement de l'être créé. Le tems
est la négation d'une chose très-
réelle & souverainement positive, qui est la permanence de l'ê-
tre ; ce qui est permanent d'une
absoluë permanence, n'a en soi
ni avant ni aprés , ni plutôt ni
plus tard. La non - permanence
est le changement ; c'est la dé-

faillance de l'être, ou la mutation d'une maniere en une autre : mais enfin toute mutation
renferme une succession, & toute existence bornée emporte une
durée divisible & plus ou moins
longue. Il y a des changemens
incertains que l'on mesure par
d'autres qui sont certains & re-
glez. Comme on peut mesurer
une promenade ou un travail
qu'on fait, ou une conversation
dont on s'occupe, par le cours
des astres, par une pendule ou
par une horloge de sable, c'est
un changement ou un mouvement incertain d'un être qu'-
on mesure par un autre mouvement plus précis & plus unifor-
me: Quand même les êtres créez
ne changeroient point de modification, il ne laisseroit point d'y
avoir, quant au fond de la substance, une mutation continuel-

le. Voici comment. C'eſt que la création de l'être qui n'eſt point par lui-même n'eſt pas abſoluë & permanente ; l'être qui eſt par lui-même ne tire point du néant des êtres qui enſuite ſubſiſtent par eux - mêmes hors du néant d'une maniere fixe ; ils ne peuvent continuer à exiſter qu'autant que l'être neceſſaire les ſoûtient hors du néant ; ils n'en ſont jamais dehors par eux mêmes, donc ils n'en ſont dehors que par un don actuel de l'être. Le don actuel eſt libre, & par conſéquent révocable ; s'il eſt libre & révocable, il peut être plus ou moins long ; dès qu'il peut être plus ou moins long, il eſt diviſible ; dès qu'il eſt diviſible il renferme une ſucceſſion ; dès qu'on y met une ſucceſſion, voila un tiſſu de création ſucceſſive : ainſi ce n'eſt pas une exiſtence fixe & permanente ; ce font des exiftences bornées & divifibles, qui fe renouvellent fans ceffe par une création continuée. Il eft donc certain que tout eft fucceffif dans la créature, non-feulement la varieté de modification, mais encore le renouvellement continuel d'une exiftence bornée. Cette non-permanence de l'être créé, eft ce que j'appelle le tems ; ainfi loin de vouloir connoître l'éternité par le tems, comme je fuis tenté de le faire, il faut au contraire connoître le tems par l'éternité ; car on peut connoître le fini par l'infini, en y mettant une borne ou négation ; mais on ne peut jamais connoître l'infini par le fini, car une borne ou négation ne donne aucune idée de ce qui eft fouverainement pofitif. Cette non-permanence de la créature eſt donc ce que je nomme le tems ; par conſéquent la parfaite & abſoluë permanence de l'être neceſſaire & immuable, eſt ce que je dois nommer l'eternité. Rien ne peut changer de modification, puiſqu'il n'en peut jamais avoir aucune. Le vrai infini ne ſouffrant point de borne dans ſon être, ne peut avoir aucune borne dans ſon exiſtence ; par conſéquent il ne peut avoir aucun tems ni durée ; car ce que j'appelle durée, c'eſt une exiſtence diviſible & bornée, c'eſt ce qui eſt préciſement oppoſé à la permanence. Il eſt donc permanent fixe dans ſon exiſtence. J'ai déja remarqué que comme tout être diviſible eſt borné, auſſi tout veritable infini eſt indiviſible. L'exiſtence divine qui eſt infinie eſt donc indiviſible. Si elle n'eſt

point divisible comme l'existence bornée des créatures dans lesquelles il y a ce que l'on appelle
la partie anterieure & la partie
posterieure, il s'enfuit donc que
cette existence infinie est toûjours toute entiere, celle des
créatures n'est jamais tout à la
fois ; ses parties ne peuvent se
réünir ; l'une exclut l'autre, &
il faut que l'une finisse afin que
l'autre commence. La raison de
cette incompatibilité entre ces
parties d'existence, est que le
créateur ne donne qu'avec mesure l'existence à sa créature ;
dès qu'il la lui donne bornée,
il la lui donne divisible en partie, dont l'une n'est pas l'autre.
Mais pour l'être necessaire, infini, & immuable, c'est tout le
contraire ; son existence est infinie & indivisible. Ainsi non-

seulement

feulement il n'y a point d'incompatibilité dans les parties
de fon exiftence, comme dans
celle de l'exiftence de la créature; mais, pour parler correc-
tement, il faut dire, que fon
exiftence n'a aucune partie; elle
eft effentiellement toûjours toute entiere. C'eft donc retomber dans l'idée du tems & confondre tout, que de vouloir encore imaginer en Dieu rien qui
ait rapport à aucune fucceffion;
en lui rien ne dure parce que
rien ne paffe; tout eft fixe; tout
eft à la fois; tout eft immobile;
en Dieu rien n'a été, rien ne fera; mais tout eft. Suprimons
donc pour lui toutes les queftions que l'habitude & la foibleffe de l'efprit fini, qui veut
embraffer l'infini à fa mode é-
troite & racourcie, me tente-
roient de faire. Dirai-je, ô mon

P

Dieu ! que vous avez déja une éternité d'exiſtence en vous-même avant que vous m'euſſiez créé ; & qu'il vous reſte encore une autre éternité, après ma création, où vous exiſtez toûjours : Ces mots de *déja* & d'*après* ſont indignes de celui qui eſt : Vous ne pouvez ſouffrir aucun paſſé & aucun avenir en vous : C'eſt une folie que de vouloir diviſer votre éternité qui eſt une permanence indiviſible : c'eſt vouloir que le rivage s'enfuïe, parce qu'en deſcendant le long d'un fleuve, je m'éloigne toûjours de ce rivage qui eſt immobile. Inſenſé que je ſuis ! Je veux, ô immobile Verité, vous attribuer l'être borné, changeant & ſucceſſif de votre créature ! Vous n'avez en vous aucune meſure dont on puiſſe meſurer votre exiſtence : car elle

n'a ni borne ni parties ; vous n'a-
vez rien de mesurable : les me-
sures même qu'on peut tirer des
êtres bornez , changeans , divisibles & successifs, ne peuvent
servir à vous mesurer , vous qui
êtes infini, indivisible , immuable & permanent. Comment dirai-je donc , que la courte durée
de la créature est par rapport
à votre éternité ? N'étiez-vous
pas avant moi ? Ne serez-vous
pas aprés moi ? Ces paroles tendent à signifier quelque verité ;
mais elles sont à la rigueur indignes & impropres : ce qu'elles
ont de vrai ; c'est que l'infini surpasse infiniment le fini ; qu'ainsi
votre éxistence infinie surpasse
infiniment en tout sens mon éxistence , qui étant bornée , a un
commencement, un present, &
un futur. Mais il est faux que la
création de votre ouvrage , par-

tage votre éternité en deux éternitez. Deux éternitez ne feroient pas plus qu'une feule : une
éternité partagée qui auroit une
partie anterieure & une partie
pofterieure , ne feroit plus une
veritable éternité : en voulant
la multiplier on la détruiroit,
parce qu'une partie feroit neceffairement la borne de l'autre
par le bout où elles fe touche-
roient. Qui dit éternité, s'il entend ce qu'il dit, ne dit que ce
qui eft , & rien au de-là ; car
tout ce qu'on ajoûte à cet infinie fimplicité , l'anéantit : Qui
dit éternité , ne fouffre plus le
langage du tems. Le tems & l'é-
ternité font incommenfurables,
ils ne peuvent être comparez,
& on eft féduit par fa propre foibleffe toutes les fois qu'on imagine quelque rapport entre des
chofes fi difproportionnées.

Vous avez neanmoins, ô mon Dieu, fait quelque chose hors de vous ; car je ne suis pas vous, & il s'en faut infiniment. Quand est-ce donc que vous m'avez fait ? Est-ce que vous n'étiez pas avant que de me faire ? Mais, que dis-je ? Me voila déja retombé dans mon illusion & dans les questions du tems : Je parle de vous comme de moi, ou comme de quelque autre être passager que je pourrois mesurer avec moi. Ce qui passe peut être mesuré avec ce qui passe ; mais ce qui ne passe point, est hors de toute mesure, & de toute comparaison avec ce qui passe : il n'est permis de demander ni quand il a été, ni s'il étoit avant ce qui n'est pas, ou qui n'est qu'en passant. Vous êtes, & c'est tout. O, que j'aime cette parole, & qu'elle me remplit pour tout

ce que j'ai à connoître de vous :
Vous êtes *celui qui est.* Tout ce
qui n'est point cette parole, vous
dégrade. Il n'y a qu'elle qui vous
reſſemble. En n'ajoûtant rien
au mot d'être, elle ne diminuë
rien de votre grandeur · Elle eſt
(je l'oſe dire) cette parole, infiniment parfaite comme vous : Il
n'y a que vous qui puiſſiez parler ainſi, & renfermer votre infini dans trois mots ſi ſimples.
Je ne ſuis pas, ô mon Dieu, ce
qui eſt : Helas ! je ſuis preſque
ce qui n'eſt pas. Je me vois comme un milieu incomprehenſible
entre le néant & l'être : Je ſuis
celui qui a été ; je ſuis celui qui
ſera ; je ſuis celui qui n'eſt plus
ce qu'il a été ; je ſuis celui qui
n'eſt pas encore ce qu'il ſera ; &
dans cet entre-deux que je ſuis,
un je ne ſçai quoi qui ne peut
s'arrêter en ſoi, qui n'a aucune

confiſtence, qui s'écoule rapidement comme l'eau ; un je ne
ſçai quoi que je ne puis ſaiſir,
qui s'enfuit de mes propres
mains, qui n'eſt plus dès que je
le veux ſaiſir ou l'apercevoir ;
un je ne ſçai quoi qui finit dans
l'inſtant même où il commence ; enſorte que je ne puis jamais un ſeul moment me trouver moi-même fixe & preſent à
moi-même, pour dire ſimplement je ſuis. Ainſi ma durée
n'eſt qu'une défaillance perpetuelle. O, que je ſuis loin de votre éternité qui eſt indiviſible,
infinie & toûjours preſente toute entiere ! Que je ſuis même
bien eloigné de la comprendre !
Elle m'échappe à force d'être
vraïe, ſimple & immenſe ; comme mon être m'échappe à force d'être compoſé de parties,
meſlé de verité & de menſonge,

d'être & de néant. C'eſt trop peu que de dire de vous, que vous étiez des ſiécles infinis avant que je fuſſe. J'aurois honte de parler ainſi ; car c'eſt meſurer l'infini avec le fini qui eſt un demi-néant. Quand je crains de dire, que vous étiez avant que je fuſſe, ce n'eſt pas pour douter que vous éxiſtant, vous ne m'aïez créé, moi qui n'éxiſtois pas : mais c'eſt pour éloigner de moi toutes les idées imparfaites qui ſont au deſſous de vous. Dirai-je que vous étiez avant moi ? Non ; car voila deux termes que je ne puis ſouffrir. Il ne faut pas dire, *vous étiez* ; car *vous étiez* marque un tems paſſé & une ſucceſſion. Vous êtes : Et il n'y a qu'un preſent, immobile, indiviſible & infini que l'on puiſſe vous attribuer, pour parler dans la rigueur des termes. Il ne faut

point dire que vous avez toûjours été, il faut dire que vous
êtes ; & ce terme de *toûjours*, qui
est si fort pour la créature, est
trop foible pour vous ; car il
marque une continuité & non
une permanence : Il vaut mieux
dire simplement & sans restriction que vous êtes. O Etre, ô
Etre ! votre éternité qui n'est
que votre être même, m'étonne ; mais elle me console. Je me
trouve devant vous, comme si
je n'étois pas : Je m'abîme dans
votre infini : Loin de mesurer
votre permanence, par rapport
à ma fluidité continuelle, je
commence à me perdre de vûe,
à ne me trouver plus, & à ne
voir en tout que ce qui est ; je
veux dire vous-même. Ce que
j'ai dit du passé, je le dis de même de l'avenir. On ne peut
point dire que vous serez aprés

ce qui paſſe ; car vous ne paſ-
ſez point : Ainſi vous ne ſerez
pas, mais vous êtes ; & je me
trompe toutes les fois que je ſors
du preſent en parlant de vous.
On ne dit point d'un rivage immobile, qu'il devance ou qu'il
ſuit les flots d'une riviere : il ne
devance ni ne ſuit, car il ne mar-
che point. Ce que je remarque de
ce rivage par rapport à l'immo-
bilité locale, je le dois dire de
l'être infini par rapport à l'im-
mobilité d'éxiſtence. Ce qui paſſe a été & ſera, & paſſe du pre-
terit au futur par un preſent im-
perceptible, qu'on ne peut jamais aſſigner. Mais ce qui ne
paſſe point, éxiſte abſolument
& n'a qu'un preſent infini : Il eſt,
& c'eſt tout ce qu'il eſt permis
d'en dire : Il eſt ſans tems dans
tous les tems de la création :
Quiconque ſort de cette ſim-

plicité, tombe de l'éternité dans le tems. Il n'y a donc en vous, ô Verité infinie, qu'une éxistence indivisible & permanente! Cequ'-on appelle Eternité *à partepost*, Eternité *à parte ante*, n'estqu'-une expression impropre. Il n'y a en vous non plus de milieu que de commencement & de fin : Ce n'est donc point au milieu de votre eternité, que vous avez produit quelque chose hors de vous. Je le dirai trois fois ; mais ces trois fois ne font qu'un. Lesvoici. O permanente & infinie Verité! Vous êtes ; & rien n'est hors de vous : Vous êtes ; & ce qui n'é-toit pas, commence à être hors de vous : Vous êtes, & ce qui étoit hors de vous, cesse d'être. Mais ces trois répetitions de ces termes *vous étes*, ne font qu'un seul infini qui est indivisible. C'est cette éternité même qui

reſte encore toute entiere. Il n'en
eſt point écoulé une moitié ; car
elle n'a aucune partie. Ce qui
eſt eſſentiellement toûjours tout
preſent , ne peut jamais être
paſſé. O Eternité ! Je ne puis
vous comprendre, car vous ê-
tes infinie : Mais je conçois
tout ce que je dois exclure de
vous, pour ne vous méconnoître jamais. Cependant, ô mon
Dieu ! quelque effort que je faſſe pour ne point multiplier votre éternité , par la multitude
de mes penſées bornées, il m'é-
chappe toûjours de vous faire
ſemblable à moi, & de diviſer votre éxiſtence indiviſible. Souffrez
donc que j'entre encore une fois
dans votre lumiere inacceſſible
dont je ſuis ébloüi. N'eſt-il pas
vrai que vous avez pû créer une
choſe avant que d'en créer une
autre ? Puiſque cela eſt poſſible,

je suis en droit de le supposer. Ce que vous n'avez pas fait encore, ne viendra sans doute qu'après ce que vous avez déja fait. La création n'est pas seulement la créature produite hors de vous, elle renferme aussi l'action par laquelle vous produisez cette créature. Si vos créations sont les unes plutôt que les autres, elles sont successives : si vos actions sont successives, voila une succession en vous ; & par conséquent, voila le tems dans l'éternité même.

Pour démêler cette difficulté, je remarque qu'il y a entre vous & vos ouvrages toute la difference qui doit être entre l'infini & le fini, entre le permanent & le fluide ou successif. Ce qui est fini & divisible peut être comparé & mesuré avec ce qui est fini & divisible : ainsi vous

avez mis un ordre & un arrangement dans vos créatures par
le rapport de leurs bornes ; mais
cet ordre, cet arrangement, ce
rapport qui refulte des bornes
de vos créatures, ne peut jamais être en vous qui n'êtes ni
divifible ni borné. Une créature peut donc être plutôt que
l'autre, parce que chacune d'elles n'a qu'un éxiftence bornée :
Mais il eft faux & abfurde de
penfer, que cette fucceffion de
création fe trouve en vous. Votre action par laquelle vous
créez eft vous - même ; autrement vous ne pouriez agir, fans
ceffer d'être fimple & indivifible. Il faut donc concevoir que
vous êtes éternellement créant
tout ce qu'il vous plaît de créer.
De votre part, vous créez eter-
nellement par une action fimple, infinie & permanente, qui

eſt vous-même : De la part de
la créature elle n'eſt pas créée
éternellement ; la borne eſt en
elle, & point dans votre action.
Ce que vous créez éternellement n'eſt que dans un tems ;
c'eſt que l'éxiſtence infinie & indiviſible ne communique au dehors qu'une éxiſtence diviſible
& bornée. Vous ne créez donc
point une choſe plutôt qu'une
autre par une ſucceſſion qui ſoit
en vous , quoique cette choſe
doive éxiſter deux mille ans plutôt qu'une autre : ces rapports
ſont entre vos ouvrages ; mais
les rapports de bornes, ne peuvent aller juſqu'à vous. Vous
connoiſſez les rapports que vous
avez faits ; mais la connoiſſance
des bornes de votre ouvrage ne
met aucune borne en vous. Vous
voïez dans ce cours d'éxiſtence
diviſible & bornée, ce que j'ap-

pelle le prefent, le paffé, l'avenir ; mais vous voïez ces chofes
hors de vous : il n'y en a aucune qui vous foit plus prefente
qu'une autre. Vous embraffez
tout également par votre infini
indivifible : ce qui n'eft plus,
n'eft plus ; & fa ceffation eft réelle : mais la même éxiftence permanente, à laquelle ce qui n'eft
plus étoit prefent pendant qu'il
étoit, eft encore la même, lorfqu'une autre chofe paffagere a
pris la place de celle qui eft a-
néantie.

Comme votre éxiftence n'a
aucune partie, une chofe qui
paffe ne peut dans fon paffage
répondre à une partie plutôt
qu'à une autre de votre éxiftence indivifible ; ou pour mieux
dire, elle ne peut répondre à
rien ; car il n'y a nulle proportion concevable entre l'infini indivifible,

divisible, & ce qui est divisible
& passager. Il faut neanmoins
qu'il y ait quelque rapport entre l'ouvrier & l'ouvrage ; mais
il faut bien se garder d'imaginer
un rapport de succession & de
borne. L'unique rapport qu'il y
faut concevoir, est, que ce qui
est, & qui ne peut cesser d'être,
fait que ce qui n'est point, reçoit de lui une existence bornée
qui commence pour finir.

Tout autre rapport, ô mon
Dieu, détruit votre permanence & votre simplicité infinie.
Vous êtes si grand & si pur dans
votre perfection, que tout ce
que je mesle du mien dans l'i-
dée que j'ai de vous, fait qu'-
aussi-tôt ce n'est plus vous-même. Je passe ma vie à contempler votre infini ; je le vois & je
ne sçaurois en douter : mais dès
que je veux le comprendre, il

m'échappe ; ce n'eſt plus lui ; je retombe dans le fini ; j'en vois aſſez pour me contredire , & pour me reprendre toutes les fois que j'ai conçû ce qui eſt moins que vous-même : mais à peine me ſuis-je relevé , que je retombe de mon propre poids. Ainſi c'eſt un mélange perpetuel , de ce que vous êtes, & de ce que je ſuis. Je ne puis, ni me tromper entierement, ni poſſeder d'une maniere fixe votre verité : c'eſt que je vous vois de la même maniere que j'éxiſte : en moi tout eſt fini & paſſager : je vois par des penſées courtes & fluides l'infini qui ne s'écoule jamais. Bien loin de vous méconnoître dans cet embarras, je vous reconnois à ce caractere neceſſaire de l'infini qui ne ſeroit plus l'infini, ſi le fini pouvoit y atteindre. Ce n'eſt pas un nuage qui

couvre votre verité ; c'eft la lumiere de cette verité même qui
me furpaffe : C'eft parce que
vous êtes trop clair & trop lu-
mineux , que mon regard ne
peut fe fixer fur vous. Je ne m'é-
tonne point que je ne puiffe vous
comprendre ; mais je ne fçaurois affez m'étonner , de ce que
je puis même vous entrevoir , &
de ce que je m'aperçois de mon
erreur , lorfque je prends quelque autre chofe pour vous , ou
que je vous attribuë ce qui ne
vous convient pas.

Immenfité.

APrès avoir confideré l'é-
ternité & l'immutabilité
de Dieu , qui font la même chofe , je dois examiner fon immenfité. Puifqu'il eft par lui-même,
il eft fouverainement, il a émi-
q ij

nemment & de la maniere la plus
parfaite tout l'être en lui. Puiſqu'il a tout l'être en lui, il a ſans
doute le poſitif & le parfait de l'é-
tenduë : L'étenduë eſt une maniere d'être, dont j'ai l'idée. J'ai
déja vû que mes idées ſur l'eſſence
des choſes, ſont des degrez réels
de l'être, qui ſont formellement
ou éminemment en Dieu , & qui
ſont poſſibles hors de lui, parce
qu'il peut les produire. Le poſitif & le parfait de l'étenduë eſt
donc en lui ; & il ne peut la produire au dehors, qu'à cauſe qu'-
elle eſt eminemment renfermée
dans la plénitude de ſon être.
D'où vient donc que je ne le
nomme point étendu & corpo-
rel ? C'eſt qu'il y a une extrême
difference, comme je l'ai déja
remarqué , entre attribuer à
Dieu tout le poſitif ou le parfait de l'étenduë , ou lui attri-

buer l'étenduë avec une borne
ou négation. Qui met l'étenduë
fans borne, change l'étenduë
en immenfité : Qui met l'étenduë avec une borne, fait la nature corporelle. Dès que vous
ne mettez aucune borne à l'é-
tenduë, vous lui ôtez la figure,
la divifibilité, le mouvement,
l'impénétrabilité : La figure,
parce qu'elle n'eft que la maniere d'être, borné par une fuperfi-
cie : La divifibilité, parce que
ce qui eft infini, comme nous
l'avons vû, ne peut être dimi-
nué, ni par conféquent divifé,
ni par conféquent compofé &
divifible : Le mouvement, parce que fi vous fuppofez un tout
qui n'a ni partie ni borne, il ne
peut, ni fe mouvoir au de-là de
fa place, puifqu'il ne peut y a-
voir de place au de là du vrai
infini ; ni changer l'arrange-

ment & la situation de ses parties, puisqu'il n'a aucune partie dont il soit composé ; ni enfin l'impénétrabilité, puisqu'on ne peut concevoir l'impénétrabilité qu'en concevant deux corps bornez, dont l'un n'est point l'autre, & dont l'un ne peut occuper le même espace que l'autre. Il ne peut y avoir rien de semblable dans l'immensité infinie & indivisible : donc il n'y a point en elle d'impénétrabilité.

Ces principes posez, il s'ensuit que tout le positif de l'étenduë se trouve en Dieu, sans que Dieu soit ni figuré, ni capable de mouvement, ni divisible, ni impénétrable, ni par conséquent palpable, ni par conséquent mesurable. Il n'est pas plus dans un certain lieu précis, qu'il n'est dans un certain tems : Car il n'a par son être absolu & infini aucun rapport aux lieux & aux tems, qui ne font que des bornes & des reftrictions de l'être : demandez s'il eft au de-là de l'univers, s'il en furpaffe les extrémitez en longueur, largeur, profondeur ; c'eft dans un fens faire une queftion auffi abfurde que de demander, s'il étoit avant que le monde fut ; & s'il fera encore après que le monde ne fera plus. Comme il ne peut y avoir en Dieu ni paffé ni futur, il ne peut y avoir auffi en lui au de-là ni au de-çà. Comme la permanence abfoluë exclut toute mefure de fucceffion, l'immenfité n'exclut pas moins toute mefure d'étenduë. Il n'a point été, il ne fera point ; mais il eft. Tout de même, à proprement parler, il n'eft point ci, il n'eft point là, il n'eft point au de-là d'une telle borne ; mais il eft abfolument. Toutes ces expreſſions qui le rapportent à quelque terme, qui le fixent à un certain lieu, ſont impropres & indécentes. Où eſt-il donc ? Il eſt ; & il eſt tellement, qu'il faut bien ſe garder de demander où ? Ce qui n'eſt qu'à demi, ce qui n'eſt qu'avec des bornes, eſt tellement une certaine choſe, qu'il n'eſt que cette choſe préciſement. Pour lui, il n'eſt préciſement aucune choſe ſinguliere & reſtrainte : Il eſt l'être ; ou, pour dire encore mieux en diſant plus ſimplement, il eſt : car moins on dit de paroles de lui, & plus on dit de choſes. Il eſt : gardez-vous bien d'y rien ajoûter. Les autres êtres, qui ne ſont que des demi-êtres, des êtres eſtropiez, & des portions imperceptibles de l'être, ne ſont point ſimplement. On eſt réduit

à

à demander, quand & où est-ce qu'ils sont : S'ils sont, ils n'ont pas été & ne seront pas ; s'ils sont ici, ils ne sont pas là. Ces deux questions *quand & où*, épuisent leur être : mais pour celui qui est ; tout est dit, quand on a dit, qu'il est. Celui qui demande encore quelque chose, n'a rien compris dans l'unique chose qu'il faut concevoir. L'infini indivisible ne peut répondre à aucun être divisible & fini que l'on nomme un Corps. Mais refuserai-je de dire qu'il est par tout ? Non, je ne refuserai point de le dire s'il le faut, pour m'accommoder aux notions imparfaites. Je me donnerai bien de garde de lui attribuer une presence corporelle en chaque lieu; car il n'est point corps ; il n'a point de superficie contiguë à la superficie des autres corps.

Mais je lui attribuerai pour me faire entendre, une preſence d'immenſité ; c'eſt-à-dire, que comme en chaque tems on doit toûjours dire de Dieu, il eſt, ſans le reſtraindre en diſant, il eſt aujourd'hui ; de même, en chaque lieu on doit dire, il eſt, ſans le reſtraindre en diſant, il eſt ici. Mais encore une fois, n'eſt-ce pas lui ôter une perfection, & à moi une conſolation merveilleuſe, que de n'oſer pas dire qu'il eſt ici ? Hé bien ; je le dirai tant qu'on voudra, pourvû que je l'entende comme je le dois. Quand je crains de dire, qu'il eſt preſent ici, ce n'eſt pas pour lui attribuer quelque choſe de moins réel & de moins grand que la preſence ; c'eſt au-contraire pour m'élever à une maniere plus pure de le concevoir dans la ſimplicité univerfelle ; c’eſt pour reconnoître, qu’il eſt infiniment plus que preſent.

Je ſoûtiens, que dire qu’il eſt ſimplement & abſolument, eſt infiniment plus que de dire, qu’il eſt par tout ; car qui dit par tout, dit des lieux, & par conſéquent une choſe bornée : Les lieux ſont des ſuperficies de corps, & par conſéquent des corps veritables, qui ſont diviſibles & ont neceſſairement des bornes. Il eſt vrai que je ne puis concevoir aucun lieu où Dieu n’agiſſe ; c’eſt à-dire, aucun être que Dieu ne produiſe ſans ceſſe. Tout lieu eſt corps : Il n’y a aucun corps, ſur lequel Dieu n’agiſſe, & qui ne ſubſiſte par l’actuelle operation de Dieu. Il eſt donc clair, qu’il n’y a aucun lieu où Dieu n’opere : Mais il y a une grande difference entre operer fur un corps, ou correfpondre à un corps. Je ne puis concevoir la prefence locale, que par un rapport local de fubftance à fubftance : Il n'y a aucun rapport local entre une fubftance qui n'a ni borne ni lieu, & une fubftance bornée & figurée : Il eft donc manifefte, que lorfque nous difons de Dieu qu'il eft dans un corps, il faut entendre cela de fon action fur ce corps ; car il ne peut avoir aucun rapport local par fa fubftance avec un corps. Mais, où eft-il donc ? N'eft-il nulle part ? Je réponds, qu'il n'y a point de lieu particulier pour lui : Il exifte trop, pour exifter avec quelque borne, & par conféquent pour être prefent par fa fubftance dans un certain lieu plutôt que dans un autre. Ces fortes de queftions qui paroiffent fi

embaraſſantes, ne le ſont qu'à
cauſe qu'on s'engage mal à-propos à y répondre : Au lieu d'y
répondre il faut les ſupprimer :
C'eſt comme qui demanderoit,
de quel bois eſt une ſtatuë de
marbre ? de quelle couleur eſt
l'eau pure qui n'en a aucune ?
de quel âge eſt l'enfant qui n'eſt
pas encore né ? Que deviennent
donc toutes les idées d'immenſité qui repreſentent Dieu comme rempliſſant tous les eſpaces
de l'univers, & débordant infiniment au de-là ? Ce ne ſont
point des idées de mon eſprit
attentif ſur lui-même ; ce ſont
au contraire des imaginations,
par leſquelles je cherche à me
repreſenter ce qui eſt au deſſus
de toute image. A parler dignement de Dieu, il n'eſt ni dedans
ni dehors le monde ; car il n'y
a pour l'être infini, ni dedans

ni dehors, qui font des termes
de mefure. Toute cette erreur
vient, de ce que les idées d'é-
ternité & d'immenfité nous fur-
montent par leur caractere d'infini, & nous échappent par leur
fimplicité. On veut toûjours ren-
trer dans le compofé, dans le fini, dans le nombre & dans la
mefure. Ainfi on imagine contre
fes propres idées, une image
d'éternité qui n'eft qu'une fuite
ou fucceffion confufe des fiécles
à l'infini ; & une fauffe immenfité, qui n'eft qu'une compofi-
tion confufe d'efpace & de fubftance à l'infini : mais tout cela
n'a aucun rapport à l'éternité
& à l'immenfité veritable. Ces
fucceffions des fiécles, ces af-
femblages d'efpace, remplis par
des fubftances, font divifibles,
& par conféquent ont effentiellement des bornes ; quoique je

ne me represente pas actuellement & diftinctement ces bornes , en confiderant ces objets Ainfi quand je leur attribuë l'infini , je me contredis
moi - même par diftraction , &
je dis une chofe qui ne peut a-
voir aucun fens. La feule veritable maniere de contempler l'é-
ternité & l'immenfité de Dieu,
c'eft de bien croire qu'il ne peut
avoir en lui ni tems ni lieu ; que
toutes les queftions du tems &
du lieu font impertinentes à fon
égard ; qu'il y faut répondre ,
non par une réponfe cathegori-
que & ferieufe , mais en fe rap-
pellant leur abfurdité , & en
leur impofant filence pour toûjours. Ces deux chofes, fçavoir
l'éternité & l'immenfité , ont
entre-elles un merveilleux rapport : auffi ne font-elles réellement que la même chofe; c'eft-

r iiij

à-dire, l'être simple & sans borne. Ecartez scrupuleusement
toute idée de borne, & vous
n'hesiterez plus par de vaines
questions. Dieu est. Tout ce que
vous ajoûtez à ces deux mots,
sous les plus beaux pretextes, ob-
scurcit au lieu d'éclaircir. Dire
qu'il est toûjours, c'est tomber
dans un équivoque, & se pré-
parer une illusion. Toûjours,
peut vouloir dire une succession
qui ne finit point ; & Dieu n'a
point une succession de siécle,
quelque durée infinie qu'on leur
suppose. Ainsi, dire qu'il est,
dit plus que dire, qu'il est toûjours : Tout de même, dire qu'il
est par tout, dit moins que de
dire, qu'il est ; car, dire qu'il est
par tout, pourroit signifier, que
la substance de Dieu s'étend &
se rapporte localement à tous
les espaces divisibles : or l'infini

indivisible ne peut avoir ce rapport local de substance avec les
corps divisibles & mesurables.
Il est donc vrai, qu'à parler en
rigueur, il vaut bien mieux dire, que Dieu est, que de dire,
qu'il est toûjours, & par tout.
Si Dieu agit sur un corps, il ne
s'ensuit pas pour cela, qu'il soit
par une presence locale dans ce
corps ; l'infini indivisible sans
rapport de sa part au fini divisible, ne laisse pas d'agir sur lui.
Tout de même, quoique Dieu
agisse sur le tems ou succession
des créatures, il ne s'ensuit point
qu'il soit dans aucun tems ou
mutation de créature. L'immense borne & arrange tout.
L'immobile meut tout. Celui
qui est, fait que chaque chose
est avec mesure pour l'étenduë
& pour la durée. Les choses
bornées peuvent se comparer &
se rapporter par leurs bornes les

unes aux autres. L'infini indivifible ne peut être ni comparé,
ni rapporté, ni mefuré ; en lui
tout eft abfolu, nul terme relatif
ne peut lui convenir ; il n'eft pas
plus dans le monde qu'il a créé,
que hors du monde dans les efpaces qu'il n'a point créez ; car
fon immenfité n'eft fixée à aucun
lieu, elle ne feroit plus immenfité. Il n'a point été en un certain
tems créant certaines chofes plutôt que d'autres, quoiqu'il ait
mis une fucceffion à l'exiftence
bornée de fes créatures ; car il
eft éternellement créant tout ce
qui doit être créé & exifter fuc-
ceffivement. Tout de même il
n'a point en lui de rapport dif-
ferent aux parties les plus éloi-
gnées entre elles qui compo-
fent l'univers : La borne étant
dans la créature & point en lui,il
s'enfuit que les rapports, les fucceffions & les mefures font uni-

quement dans les créatures,
sans qu'il soit permis de lui en
rien donner. Il est éternellement créant ce qui est créé aujourd'hui : Comme il est éternellement créant ce qui fut créé
au premier jour de l'univers.
De même il est immense dans
les plus petites créatures comme dans les plus grandes. L'ordre & les relations sont dans les
créatures entre elles. Comparez-
les entre elles, il est vrai de dire
qu'une créature est plus ancien-
ne que l'autre ; que l'une est plus
étenduë & plus éloignée que l'autre. La borne fait cet ordre & ce
rapport. Il est vrai aussi que Dieu
voit cet ordre & ce rapport qu'il
a fait dans ses ouvrages : mais cette division qu'il voit dans le fini
divisible n'est pas en lui, puisqu'il
est indivisible & infini ; car il ne
se divise ni ne se borne en faisant
hors de soi des êtres divisibles

& bornez. Loin donc, loin de moi, toutes ces queſtions importunes où je trouve que mon Dieu eſt méconnu : Il eſt plus que toûjours, car il eſt : Il eſt plus que par tout, car il eſt : En lui il n'y a ni preſence ni abſence finie, & locale ; puiſqu'il n'y a point de lieu ni de borne, il n'y a ni au de-là ni au de-çà, ni dedans ni dehors : Il eſt, & toutes choſes ſont par lui. On peut dire même qu'elles ſont en lui ; non pour ſignifier, qu'il eſt leur lieu & leur ſuperficie ; mais pour repreſenter plus ſenſiblement qu'il agit ſur tout ce qui eſt, & qu'il peut outre les êtres bornez en produire d'autres plus étendus, ſur leſquels il agiroit avec la même puiſſance. O mon Dieu, que vous êtes grand ! Peu de penſées atteignent juſqu'à vous : & quand on commence à vous concevoir, on ne

peut vous exprimer : Les termes manquent, les plus simples
sont les meilleurs; les plus figu-
rez & les plus multipliez sont
les plus impropres. Si on a la
sobrieté de la sagesse ; après a-
voir dit que vous êtes, on n'o-
se plus rien ajoûter ; plus on
vous contemple, plus on aime
à se taire, en considerant ce
que c'est que cet être, qui n'est
qu'être, & qui est le plus être
de tous les êtres, & qui est si
souverainement être, qu'il fait
lui seul comme il lui plaît être
tout ce qui est. En vous voïant,
ô simple & infinie Verité ! je
deviens muet ; mais je deviens,
si je l'ose dire, semblable à vous.
Ma vûë devient simple & indivisible comme vous : Ce n'est
point en parcourant la multitude de vos perfections que je
vous conçois bien ; au contraire, en les multipliant pour les

confiderer par divers rapports & diverfes faces, j'affoiblis, je diminuë l'idée que j'ai de vous; je me diminuë, je m'affoiblis, je me confonds : Cet amas de paroles diverfes n'eft plus mon Dieu : Ces infinis partagez & diftinguez ne font plus ce fimple infini, qui eft le feul infini veritable. O, que j'aime bien mieux vous voir tout réüni en vous - même : D'un feul regard, je vois l'ê-tre, & j'ai tout vû ; j'ai puifé dans la fource ; je vous ai pref-que vû face à face. C'eft vous-même : Car qui êtes-vous, fi non l'être ? Et qu'y pourroit-t-on ajoûter qui fut au de - là de cette grande expreffion ? He-las, comment cela fe peut - il faire ! Moi qui fuis celui qui n'eft point ; ou tout au plus, qui eft un je ne fçai quoi qu'on ne peut trouver, ni nommer, & qui dans le moment n'eft déja plus : Moi, néant ; moi, ombre de l'être : Je vois celui qui eft ; & en le nommant celui qui eft par excellence, j'ai tout dit, je ne crains point d'en dire trop peu : Deflors il n'eft plus refferré, ni dans le tems, ni dans les efpaces. Des mondes infinis tels que je puis me les figurer ; des fiécles infinis imaginez de même, ne font rien en prefence de celui qui eft : Il m'étonne, & j'en fuis ravi : je fuccombe en le voïant ; & c'eft ma joïe : je bégaie ; & c'eft tant mieux de ce qu'il ne me refte plus aucune parole pour dire, ni ce qu'il eft, ni ce que je ne fuis pas, ni ce qu'il fait en moi, ni ce que je conçois de lui.

Mais, ô mon Dieu, craindrai-je que vous ne m'entendiez pas, ou que vous foïez abfent de moi, parce que j'ai reconnu qu'il eft indigne de vous de vous

attribuer une preſence locale &
bornée en chaque partie de l'u-
nivers ? Non non, mon Dieu,
je ne le crains point. Je vous
entends ; & vous m'entendez
mieux que toutes vos créatures
ne m'entendront. Vous êtes plus
que preſent en moi : Vous êtes
au dedans de moi plus que moi-
même : Je ne ſuis dans le lieu
même où je ſuis que d'une maniere finie : Vous êtes infiniment ; & votre action infinie eſt
ſur moi. Vous n'êtes borné
nulle part : Je vous trouve par
tout : Vous y êtes autant que
j'y ſuis ; & infiniment plus : &
je n'y vais qu'à cauſe que vous
m'y portez. Je vous laiſſe au
lieu que je quitte ; & je vous
trouve par tout où je paſſe :
Vous m'attendez au lieu où j'arrive. Voila, ô mon Dieu , ce
que ma foible connoiſſance me
fai

fait dire, ou plutôt, bégaïer.
Ces paroles impropres & imparfaites font le langage d'un
amour foible & groſſier : Je les
dis pour moi, & non pas pour
vous; pour contenter mon cœur,
non pour m'inſtruire, ni pour
vous loüer dignement. Quand
je parle pour vous, je trouve
toutes mes expreſſions baſſes &
impures : Je reviens à l'être ; je
m'envole juſqu'à celui qui eſt ;
je ne fuis plus en moi, ni moi-
même ; je paſſe en celui qui voit,
en celui qui eſt ; je le vois, je me
perds, je m'entends ; mais je ne
ſçaurois me faire entendre : ce
que je vois, éteint toute curio-
ſité : fans raiſonner, je vois la
verité univerſelle : je vois ; &
c'eſt ma vie : je vois ce qui eſt ;
& ne veux plus voir ce qui n'eſt
pas. Quand fera-ce que je verrai
ce qui eſt, pour n'avoir plus

d'autre vûë, que cette vûë fixe ? Quand ferai-je par ce regard fimple & permanent, uni à lui ? Quand eft-ce que tout moi-même fera réduit à cette feule parole immuable : Il eft, il eft, il eft. Si j'ajoûte : Il fera au fiécle des fiécles ; c'eft pour parler felon ma foibleffe , & non pour mieux exprimer fa perfection.

F I N.

Approbation de M^r B R I L L O N, *Docteur & Profeffeur de Sorbonne.*

J'A y lû pour Monfeigneur le Chancelier, *la Démonftration de l'Exiftence de Dieu, & de fes Attributs, tirée de l'idée de l'Etre très-parfait* ; par feu M. de Fenelon Archevêque de Cambray. Ceux qui ont le goût de la plus fublime Metaphyfique , trouveront ici de quoi fe contenter. Fait en Sorbonne le 17. Juin 1718.
B R I L L O N.

TABLE
DES SECTIONS
contenuës en ce Volume.

SECONDE PARTIE.

CHAP. I. *Que l'idée de Dieu prouve en plusieurs manieres son Existence actuelle.* 5

Doute general pour parvenir à n'admettre que ce qui est certain. 6

Sommeil ; raison de douter. là-mê.

Folie ; raison de douter. 7

Doute impossible dans la pratique, n'est peut-être pas une raison pour croire quelque chose de certain. 10

TABLE

Embarras d'un Philosophe causé par le doute universel. 13

Premiere verité découverte ; l'Exiſtence de celui qui doute. 15

Idée claire ; principe de certitude. 16

Idée ; ce que c'eſt. 18

Trois premieres veritez claires. 21

Si les idées claires peuvent nous tromper. 23

La raiſon n'a point d'autre regle que ſes idées. 26

Eſprit qui auroit fait une raiſon fauſſe, ſeroit Créateur & Tout-Puiſſant. 27

Difference entre les penſées du ſommeil & celles de la veille. 35

Sommeil propre à montrer la foibleſſe de la raiſon & le néant de notre être. 40

Douter des veritez évidentes ; erreur auſſi grande que de croire legerement les veritez qui ne ſont pas évidentes. 42

DES SECTIONS.

Quatre premieres veritez certaines.   47

L'ètre, la verité & la bonté ne font que la même chofe.   56

Premiere preuve de l'Exiftence de Dieu.

Etre par foi, eft fouverainement parfait.   58

Seconde preuve de l'Exiftence de Dieu.

Nous avons l'idée de l'infini ; & c'eft un Etre infini qui peut feul nous la donner.   67

Idée de l'infini très-pofitif.   68

D'où vient l'idée de l'infini.   71

Ce que c'eft que le fens commun.   79

Troifiéme preuve de l'Exiftence de Dieu, par l'idée de l'être neceffaire.   82

CHAP. II. REfutation du Spinozifme.   92

Si l'Etre infini peut ètre la colleCtion de tous les êtres. là-même.

TABLE.

Absurdité de cette supposition. 1°.
  Elle suppose l'infinie perfection
  changeante & variable.   98

2°. *Ce qui est composé ne peut être*
  l'infini absolu.   102

3°. *Tout composé ne peut exister*
  par soi.   106

4°. *Composé d'Estres infinis ne ré-*
  pond pas à l'idée de l'infinité ab-
  soluë,   112

Ce que c'est que Dieu.   119

De l'unité du premier Etre.   127

Simplicité.   149

Eternité.   157

Immensité.   187

Fin de la Table des Sections.

PRIVILEGE DU ROY.

LOUIS par la grace de Dieu Roy de France &
de Navarre: A nos amez & feaux Conseillers,
les Gens tenant nos Cours de Parlement, Maîtres des
Requeftes ordinaires de nôtre Hôtel, Grand Confeil,
Prevôt de Paris, Baillifs, Sénéchaux, leurs Lieute-
nans Civils, & autres nos Justiciers qu'il appartien-
dra, Salut. Nôtre cher & bien amé le Sieur Marquis
de Fenelon Nous ayant fait reprefenter qu'il defire-
roit donner au public la fuite des Ouvrages pofthu-
mes du f.u Sieur Archevêque de Cambray fon oncle,
s'il Nous plaifoit lui accorder nos Lettres de Privilege
fur ce neceffaires. A ces caufes, voulant favorable-
ment traiter ledit Sieur Marquis de Fenelon, & lui
donner des marques de nôtre reconnoiffance & fa-
vorifer fon zele pour notre fervice & pour le profit
du public, Nous lui avons permis & permettons par
ces Prefentes de faire imprimer lefdits Ouvrages inti-
tulez: *Lettres fur l'Exiftence de Dieu, & fur divers fujets importans de Metaphyfique & de Religion ; Sermons,
Difcours & Entretiens fur divers fujets de pieté,* en telle
forme, marge, caractere, en un ou plufieurs volu-
mes, conjointement ou féparément, & autant de fois
que bon lui femblera, & de les faire vendre & debiter
par tout nôtre Royaume pendant le tems de dix an-
nées confecutives, à compter du jour de la date defdites Prefentes. Faifons defenfes à toutes fortes de per-
fonnes de quelque qualité & condition qu'elles foient
d'en introduire d'impreffion étrangere dans aucun lieu
de notre obéïffance : comme auffi à tous imprimeurs,
Libraires & autres, d'imprimer, faire imprimer, vendre, faire vendre, debiter, ni contrefaire aucun defdits Livres cy-deffus énoncez, en tout, ni en partie,
ni d'en faire aucuns extraits, fous quelque prétexte
que ce foit, d'augmentation, correction, changement
de titre, ou autrement, fans la permiffion expreffe &
par écrit dudit Sieur Expofant, ou de ceux qui auront
droit de lui ; à peine de confifcation des Exemplaires
contrefaits, de trois mille livres d'amende contre chacun des contrevenans, dont un tiers à Nous, un tiers

à l'Hôtel-Dieu de Paris, l'autre tiers audit Sieur Expofant, & de tous dépens, dommages & interefts : A la charge que ces Prefentes feront enregiftrées tout au long fur le Regiftre de la Communauté des Imprimeurs & Libraires de Paris, & ce dans trois mois de la date d'icelles : Que l'impreffion defdits Livres fera faite dans nôtre Royaume, & non ailleurs, en bon papier, & en beaux caractéres, conformément aux Reglemens de la Librairie ; & qu'avant que de les expofer en vente, il en fera mis deux Exemplaires de chacun dans nôtre Bibliotheque publique, un dans celle de nôtre Château du Louvre, & un dans celle de nôtre tres-cher & feal Chevalier Chancelier de France le Sieur d'Aguefleau ; le tout à peine de nullité des Prefentes. Du contenu defquelles vous mandons & enjoignons de faire joüir ledit Sieur Expofant, ou fes ayans caufe pleinement & paifiblement, fans fouffrir qu'il leur foit fait aucun trouble ou empêchement. Voulons que la copie defdites Prefentes, qui fera imprimée au commencement ou à la fin defdits Livres, foit tenuë pour dûëment fignifiée ; & qu'aux copies collationnées par l'un de nos amez & feaux Confeillers & Secretaires, foy foit ajoûtée comme à l'original. Commandons au premier nôtre Huiffier ou Sergent de faire pour l'execution d'icelles tous Actes requis & neceffaires fans demander autre permiffion, & nonobftant Clameur de Haro, Charte Normande, & Lettres à ce contraires : Car tel eft nôtre plaifir. Donné à Paris le neuviéme jour du mois de Novembre, l'an de grace mil fept cens dix-fept, & de nôtre Regne le troifiéme. Par le Roy en fon Confeil, D E S. H I L A I R E.

Et ledit Sieur Marquis de Fenelon a cedé le prefent Privilege aux Sieurs Florentin Delaulne, & Jacques Eftienne, Imprimeurs-Libraires, pour en joüir en fon lieu & place. Fait à Paris le 15. Novembre 1717.

Regiftré le prefent Privilege, enfemble la Ceffion cy deffus fur le Regiftre 4. de la Communauté des Libraires & Imprimeurs de Paris, page 243. num. 276 & page 45. conformément aux Reglemens, & notamment à l'Arreft du Confeil du 13. Aouft 1703. A Paris, les 10. & 15. Novembre 1717.

Signé, DELAULNE, Syndic.